Caroline Régnard-Mayer

Mademoiselle klopft an meine Tür!

Caroline Régnard-Mayer

Mademoiselle klopft an meine Tür!

Der eigene Weg mit der Depression und einer Portion Humor!

Die Autorin:
Caroline Régnard-Mayer, geboren im Mai 1965, ist von Beruf MTLA.
Berentet seit 2005 durch ihre Erkrankung Multiple Sklerose.
Sie hat zwei erwachsene Kinder und lebt als alleinerziehende Mutter in
Landau in der Pfalz.

www.frauenpower-ms.jimdo.com
www.caroregm.blogspot.de

Bibliografische Information der Deutschen Nationalbibliothek:
Die Deutsche Nationalbibliothek verzeichnet diese Publikation in der
Deutschen Nationalbibliografie; detaillierte bibliografische Daten sind
im Internet über http://dnb.d-nb.de abrufbar.

Originalausgabe 2011
3. Auflage 2016
Herstellung und Verlag: Books on Demand GmbH,
Norderstedt, Deutschland

Lektorat: Hilde Möller, S. Mayer
Grafik: gemalt von C. Régnard-Mayer
Covergestaltung: Luna Lee Bendt
Fotos: pixabay.com
ISBN: **978-3-8423-6129-4**

Gedicht
TRAURIGKEIT

von Annegret Kronenberg

Wenn sie dich überkommt,
diese Traurigkeit,
fühlst du dich so allein,
so verlassen.
Du siehst die Welt
nur noch dunkel und trübe,
nimmst alles Blühen und
Reifen nicht wahr.
Das Kinderlachen draußen
dringt nicht an dein Ohr.
Der Kopf ist dumpf,
keine Träne fließt,
um Erlösung zu bringen.
Nicht einmal ein Engel
kann dich umarmen,
weil du ihm keine Chance gibst.

Ich wünsche all meinen Lesern dieses Buchs, dass sie ihren Weg aus der Traurigkeit finden, dass sie ihre Welt wieder in bunte Farben sehen und das Lachen der Kinder wieder hören.

Sie sind nicht alleine, denn mit meiner Geschichte sind wir schon zu zweit, die das Licht am Ende des Tunnels gemeinsam sehen.

Ein Buch für Betroffene und Angehörige - Depressionen haben nichts mit Schwäche zu tun und sollten in unserer Gesellschaft endlich mehr Akzeptanz finden, denn sie sind längst Teil der Bevölkerung.

2016 - Ein wichtiger Hinweis zu diesem Buch:

Hinweise und Angaben, die sie in diesem Buch erhalten, dienen nur zur ersten Information und beruhen auf meiner eigenen Erfahrung. Sie dürfen niemals als Ersatz für eine Behandlung bei einem Facharzt oder anderer professioneller Hilfe und Beratung angesehen werden. Außerdem spreche ich keine Therapie- oder Behandlungsmöglichkeiten aus. Bitte holen Sie sich Rat bei einem Psychotherapeuten oder Arzt ihrer Wahl. Handeln Sie, wenn Sie meinen, an einer Depression zu leiden. Können Sie dies selbst nicht mehr tun, dann bitten Sie Ihre Familie, Ihren Partner oder Freunde um Hilfe. Jede depressive Verstimmung kann in eine Depression umschlagen. Erste Anzeichen sind Antriebslosigkeit, Schlafstörungen wie zu frühes Erwachen am Morgen, Rückzug von sozialen Kontakten, Desinteresse an Hobbies und Aktivitäten, Trauer und Angstgefühle bis hin zu innerer Leere über einen längeren Zeitraum. All dies kann der Beginn einer Depression sein. Diese Symptome verschwinden nicht einfach so, sondern sollten behandelt werden.

In meinem Fall trafen all die genannten Punkte zu und noch einige mehr, deswegen unterzog ich mich einer Psychotherapie und nahm Antidepressiva. Ein langer Weg lag vor mir, den ich zu Beginn alleine ging, nur von Fachleuten begleitet. Meine Familie verstand mich nicht, sondern meinte lapidar, ich soll mich zusammennehmen. Gerne hätte ich den Weg in eine Fachklinik gewählt, aber ich hatte damals für meine kleinen Kinder niemanden, denn "ich sollte mich ja zusammenreißen, dann ginge es mir besser". Wenn es nur so einfach gewesen wäre!

9

Als junge Frau mit 21 Jahren litt ich bereits an einer schweren Depression, die mich nach einem Jahr Behandlung wieder gesunden ließ. Doch nach der ersten Fehlgeburt Anfang 1994 stürzte ich erneut ab. Auch das habe ich gemeistert, erneut mit professioneller Begleitung und Medikamenten. Die Geburt meiner Tochter eineinhalb Jahre später ließ mich alles vergessen und ich war glücklich. Die Jahre danach waren geprägt von großen Sorgen und Ängsten um mein kleines krankes Mädchen, Umzug aus Bayern in die Heimat, Hausbau, die zweite Fehlgeburt, die Geburt meines Sohnes, der ebenso erkrankte. Trotzdem funktionierte ich und verdrängte anscheinend in diesen Jahren das Erlebte. Es rächte sich zu einem späteren Zeitpunkt mit voller Wucht.

Nachdem mein damaliger Mann an einem Gehirntumor erkrankte, verließ er mich und unsere Kinder. Doch erst meine Diagnose Multiple Sklerose zwei Jahre danach, riss mir endgültig die Füße unter dem Boden weg. Ich stürzte erneut in ein tiefes, schwarzes Loch. Erneut begann ich eine Psychotherapie und schluckte abermals Antidepressiva. Wie so oft in meinem Leben "musste" ich funktionieren. Anscheinend zieht sich dieses Dilemma wie ein roter Faden durch mein Leben. ABER die wirklich schlimmste Depression, von der ich Ihnen in meinem Buch erzähle, die hielt mich in ihren Krallen. Dieses Mal hatte ich suizidale Gedanken. Nun, auch diese Depression habe ich überstanden, aber es blieben seelische Narben zurück. Nicht nach außen sichtbar, aber ich wurde härter zu anderen, ich handle oft aus purem Egoismus und habe eine schützende Mauer gegen das andere Geschlecht errichtet. Ob dies gut ist, sei dahingestellt. Manchmal fühlt es sich prima an, manchmal eben nicht. Somit komme ich im Alltag gut zurecht, denn das Leben zeigt sich weiterhin nicht immer von seinen schönen Seiten. Doch heute fühle ich mich gestärkt und sehe selbst in kleinen Dingen, großes Glück.

Gehen Sie mit mir meinen Weg, der mich zwar in eine Depression führte, aber auch mit viel Geduld und Selbstreflektion, Liebe zu meinen Kindern und Gottvertrauen, aus dem tiefen Abgrund herausführte.

Prolog

Bevor Sie mein Buch lesen, möchte ich Sie nochmals hinweisen: Sie werden keine fachlichen Ratschläge von mir hören, sondern es ist meine Geschichte und Erfahrung mit der Krankheit „Depression".

Das „Kranksein" ist so negativ belastet, deswegen versuche ich, bei diesem ganzen Dilemma eine humorvolle, aber auch ernste Seite beim Schreiben einfließen zu lassen. Eben mit einem lachenden und einem weinenden Auge.

Dieses Buch war meine Rettung, eine Selbsthilfe: „Wenn dir keiner helfen kann, dann helfe dir selbst." Oder nach dem Motto: „Wer Hoffnung hat, wird die Welt ertragen."

Der größte Glücksgriff, neben meinen Kindern, dachte ich beim Kennenlernen von Herrn B., doch es stellte sich als seelische Katastrophe für mich heraus. Von dieser Beziehung, vom Auslöser meiner Depression, dem Handeln und Verarbeiten, meiner Therapie und dem glücklichen Ende, erzählt dieses Buch.

Im Leben braucht man Geduld, sollte asketisch sein und die Augen offenhalten. Es werden immer wieder schlechte Zeiten für mich und andere Menschen kommen, aber man muss die Balance finden und Mut zum eigenen Ich haben. Das Glück liegt immer wieder direkt vor unseren Füßen. Kleine Glücksmomente sind kostbar. Ich halte sie fest, denn wenn mich Mademoiselle oder auch Madame MS besuchen, greife ich gedanklich auf diese glücklichen Augenblicke zurück. Auch dieses Buch war eine erfreuliche Fügung. Ich half mir zum größten Teil selbst und seit Erscheinen auf dem Buchmarkt, bringt es mir Glück. Emotional. Meine Ehe war ein Irrtum, doch zwei wunderbare Kinder stehen mir zur Seite, dennoch wurden mein Sarkasmus und meine Selbstständigkeit dadurch aus der Taufe gehoben. Ein zweites Mal wurde ich ins Herz getreten, als ich meinen Lebenspartner traf - daraus wurde meine lang anhaltende Depression geboren. Aber ich gehe auch gestärkt hervor, an manchen Tagen. Ich hoffe, Mademoiselle, meine Depression, wird mich nicht mehr so häufig besuchen. Und wenn sie dann doch an meiner Tür klopft, werde ich ihr höflich einen Espresso kochen und sie zu anderen Mitbewohnern schicken. Irgendwie haben wir uns liebgewonnen, aber wir können es auch aushalten, ohne den anderen ständig zu besuchen.

Ach, Sie wissen nicht von wem ich spreche? Wie unhöflich von mir!

Mademoiselle ist die schwarz gekleidete Dame, schwarzer Hut und Handschuhe, wohl gemerkt lange schwarze Ballhandschuhe, knall rot geschminkter Mund und weiß gepudertes Gesicht. Ihre grauen Haare hat sich diese alte Schachtel doch wirklich blondieren lassen! Nun, nicht gerade meinen Geschmack finde ich, in ihrem Alter, aber jeder, wie es ihm beliebt. Keiner weiß, wo sie wohnt oder herkommt. Sie ist einfach da, wenn man sie im Leben am wenigsten braucht. Aber wann kommt eine Depression zum richtigen Zeitpunkt? Wohl nie.

Wer sie vor meiner Tür abgeliefert hat, mit all ihrem Gepäck und ihren Hutschachteln, keine Ahnung! Sie hat es mir nie verraten.

Wir hatten enorme Startschwierigkeiten, um miteinander auszukommen. Aber mit der Zeit gewöhnten wir uns aneinander und

13

konnten dann miteinander arbeiten. Eines Tages kam der Zeitpunkt des Abschieds, schließlich wollte ich meine neue Mitbewohnerin nicht ewig kostenlos bei mir wohnen lassen. Denn es musste immer der beste Espresso sein und die Keksdose war auch ständig leer.

Nach über einem Jahr packte sie ihre sieben Sachen und verließ mich mit einer herzlichen Umarmung, denn andere arme Seelen brauchten sie nun mehr. Zum Glück! Es wurde auch für mich Zeit, wieder am Leben teilzunehmen und den Blick nach vorne zu richten, anstatt ständig wie eine Katze die alten Wunden zu lecken.

Sie sehen, liebe Leser und Leserinnen, der schwarze Humor kommt in meinem Buch nicht zu kurz. Meine Ersterkrankung, der Dämon in Form der Multiplen Sklerose, habe ich aus diesem Buch verbannt, aber leider nicht aus meinem Leben. Das werde ich auch nicht mehr schaffen, außer es geschehen noch Zeichen und Wunder. Und an Wunder glaube ich nicht. Aber an eine positive Lebenseinstellung! Und dieser Dämon, die MS, sitzt morgens nicht mehr an meiner Bettkante, sondern läuft recht manierlich neben mir her.

Ich würde mich freuen, wenn dieses Buch Betroffene lesen würden, aber auch Menschen, die nicht betroffen, aber getroffen sind, oder vielleicht Fachleute, um mit ihren Patienten noch besser arbeiten zu können. Wenn es Menschen hilft, dann hat es seinen Zweck nicht nur für mich erfüllt.

Urteilen Sie selbst und nun viel Spaß bei der Lektüre meines kleinen Buches!

Warum ich diese Geschichte aufgeschrieben habe

Ich brauche das Schreiben wie die Luft zum Atmen. Es hilft mir, im Alltag den Tag zu überstehen und meine Gedanken zu sortieren. Im Sumpf der dunklen Stunden halte ich mich fest, um nicht in die dunklen Tiefen gerissen zu werden. Auch eine Art des Überlebens und Aufräumen der Seelenwelt.

Das Schreiben ist wie eine Sucht, aber diese Besessenheit war beim Verfassen dieses Buchs eine Rettung. Es war an einem Morgen im Januar, als ich die Eingebung zum Buchtitel hatte, ein Segen und wahrer Glücksmoment, denn ich konnte an diese schwarz gekleidete Frau, „meine" Mademoiselle, meine Depression abgeben. Nicht sofort, aber mit der Reflexion der letzten Monate und Jahre und dem Abgeben an diese Frau, fühlte ich mich nicht allein in meinem Gefühlskarussell.
Es war das Beste, was mir an diesem regnerischen, tristen Morgen passieren konnte. Ich legte den Staubsauger auf den Boden, klappte mein Laptop auf und begann mit den Worten: „Sie klopft schon wieder an die Tür ..." Die Sätze sprudelten nur so aus mir heraus und zufrieden schloss ich nach zwei Stunden den PC. Geboren war das erste Kapitel meines neuen und somit dritten Buches.

Der erste Teil ist geprägt von meiner depressiven Episode, aber im zweiten Teil kremple ich die Ärmel hoch und begegne dem Leben mit Humor und Selbstironie – eben aus dem Leben gegriffen! An manchen Stellen nichts für schwache Nerven, aber an vielen wiederum etwas für die Lachmuskeln oder zum Schmunzeln.

15

Während der Niederschrift entschied ich mich bewusst gegen fortlaufende Kapitel, denn ich sprang immer wieder in eine andere Situation, um wieder zum ursprünglich Geschriebenen zurückzukehren. Ich begann mit dem Schreiben in meiner schlimmsten Depression und Sie werden zuerst keinen roten Faden finden. Aber haben Sie Geduld, Sie werden sehen, nach meinem Tief arbeite ich mit meiner Mademoiselle und der Humor steht mir zu Gesicht.

Es sind ein Buch, das mir aus der Depression half, und ich verschmolz am Ende mit der Dame in Schwarz. Wir wurden eins. So verrückt, wie sich meine Geschichte liest, aus der meine Depression entstanden ist, so verrückt und ausgelassen wollte ich dieses Mal schreiben.

Frei erfunden ist die Geschichte nicht, könnte aber sein, denn Namen und Orte wurden von mir verfremdet und geändert. Ich gebe wenige Details oder familiäre Einblicke, jede Einzelheit wurde wohl überlegt und von Fachleuten gegengelesen.

Meine Leser sollen ihre eigene „Mademoiselle" erschaffen, mit ihr arbeiten und sich mit ihr auseinandersetzen. Es tut gut, wenn es jemanden gibt, der einem zuhört, der einem in den dunkelsten Momenten auffängt, auch wenn diese Person fiktiv ist. Wenn Sie mein Buch gelesen haben und nicht jetzt schon voreilig auf die Seite legen, werden Sie mich verstehen. Seien Sie mutig, stellen Sie sich dem Leben und Ihrer eigenen Geschichte und Depression. „Ihre" Mademoiselle wird Ihnen dabei helfen. Versprochen! Sie müssen nur weiterlesen …

Jeder Satz, jedes Wort ist ehrlich, es kommt aus meinem Innersten und ich lege die Karten offen auf den Tisch. Nichts verschleiere ich, das ist mir sehr wichtig, um glaubwürdig zu sein.

Durch sehr viele Gespräche, nicht nur in meiner Selbsthilfegruppe für Multiple Sklerose, auch mit Menschen, die mich anrufen oder mir schreiben, habe ich selbst viel lernen dürfen. Über mich und andere Sichtweisen.

Dieses Buch ist für mich sehr wichtig, indem ich selbst immer wieder lese. Es hilft mir durchzuhalten, wenn es an der Tür klopft und ich genau weiß, wer davorsteht.

Ich fand meinen **eigenen Weg**, mit der Depression und Multiplen Sklerose zu leben und zu gehen. Es gibt kein „falsch" oder „richtig", sondern das „Passende" oder „Nicht -Passende" für mich. So sollen auch meine Bücher vom Leser gesehen werden – es ist MEIN WEG!

Nun geht es endlich los...

Ihre Caroline Régnard-Mayer

17

Sie klopft schon wieder an die Tür. Ich will sie nicht hereinlassen. Versuche, die aufkommenden düsteren Gedanken in die letzten Winkel meines Bewusstseins zu verdrängen. Es ist nicht leicht, dagegen anzukämpfen. Wie eine Seiltänzerin auf dem Trapez fühle ich mich. Hoch oben in luftiger Höhe schaue ich auf mein Leben, auf den Tag und die vielen Baustellen meines Lebens. Die Gedanken kann man wenig beeinflussen, sie schleichen sich ins Bewusstsein ein und man ist machtlos. Sie sind plötzlich da, aus dem Nichts geboren, um dem Menschen das Leben zur Hölle zu machen und ihn zu drangsalieren. Ich möchte flüchten, aber wohin?

Draußen bricht ein neuer Tag an, verhängende Wolken, Regen kündigt sich an. Auch meine Seele weint. Jede Träne bedeutete Verlust oder Abschiednehmen von Gewohnheiten und Menschen.

Der Wecker klingelt und ich quäle mich aus dem Bett nach einer kurzen Nacht. Jeden Tag schwöre ich mir, früher zu Bett zu gehen. Doch am Abend ist von diesem Vorsatz nicht viel übrig. Wenn der Alltag von mir abgleitet, die Ruhe im Haus einkehrt und ich den Abend ohne Mademoiselle verbringe, flüchte ich mich in die Welt des Internets. Ich bin allein und fühle mich auch so. Facebook ist zur Sucht geworden, auch das Bücherschreiben. Irgendwo in dieser virtuellen Welt hoffe ich auf Zuspruch und einen Menschen, an den ich mich anlehnen kann. Es ist so absurd, aber besser als Freunden auf die Nerven zu fallen, denn mit denselben Sorgen und Gedanken kann man die wenigsten ständig belästigen. Denn sie haben ihr eigenes Leben, das gelebt werden muss, und auch eine Freundschaft ist nur begrenzt belastbar.

19

Das Frühstück und das Wecken der Kinder verrichte ich wie eine Schlafwandlerin mit eingespielten Griffen und gespielter, gelassener Miene. Noch weiß ich ja nicht, ob Mademoiselle an die Wohnungstür klopfen wird.

Die Kinder gehen zur Schule und ich beschäftige mich mit Alltäglichem wie Bettenmachen, Befüllen der Waschmaschine und Aufräumen. Soll Mademoiselle doch klopfen, ich werde sie nicht hereinbitten. Ich mache schnell den Staubsauger an und der Lärm übertönt jedes Geräusch. Doch heute gelingt es mir nicht. Einen Moment war ich unaufmerksam, ich spüre die Unruhe in meinem Innern, noch kämpfe ich dagegen an. Aber meine Bewegungen werden verhaltender, das Bedürfnis zum erneuten Hinlegen steigt wie ein Werbestreifen vor mir auf. Ich reiße die Fenster auf, schnell kühlt das wohlig warme Bett von der Nacht aus und das Wasser im Badezimmer umspült meinen Kopf. Für kurze Zeit habe ich die Angst verdrängt. Ich schmiede Pläne für den Tag und gehe gedanklich den Morgen durch. Zuerst Haare föhnen und das Bad putzen, damit ich so schnell wie möglich in die Stadt und unter Menschen komme. Mademoiselle sperre ich aus der Wohnung aus, denn sonst sitzt sie auf ihrem Thron mitten in meinem Wohnzimmer, wenn ich wieder nach Hause komme.

Ich mache ein Weltuntergangsgesicht, als ich das Auto vor der Postfiliale verlasse. Kein Wunder, dass dich keiner mehr anspricht, denke ich so vor mich hin. Doch will ich dies zurzeit überhaupt? Eigentlich bin ich niemandem zumutbar in solch düsteren Zeiten. Noch immer spielen sich Gedanken in der Vergangenheit ab und stellen sich mir ständig in den Weg. Eine verlorene Liebe, einen Menschen, für den ich da sein konnte! Auf immer verloren.

Freundschaft ist nicht möglich, zu viel ist passiert. Es tut weh, mein Verstand hat losgelassen, aber das Herz hält noch daran fest.

Ich schleppe mich durch den Morgen und fahre nach Hause. Mademoiselle war vor mir in unserer Wohnung. Ich sollte ihr den Hausschlüssel abnehmen, aber wie? Ich fühle mich so leer.
Meine Therapeutin kann mir nur bedingt helfen, die Hauptarbeit liegt in meinen Händen. Aber das richtige Rezept habe ich noch nicht gefunden. Verhaltensstrategien gegen Mademoiselle müssen nun in die Tat umgesetzt werden. Nur bedingt bin ich dazu in der Lage.

Auf keinen Fall jetzt hinsetzen und doch tue ich es. Nehme mir die Tageszeitung, um auf andere Gedanken zu kommen. Bloß jetzt nicht über das eigene Elend philosophieren und trinke währenddessen einen Kaffee. Er schmeckt bitter. Wie das Leben an diesem trostlosen Morgen.

Irgendwie stehe ich doch auf und räume die Sachen vom Einkaufen weg. Wieder hinsetzen. Ach wäre es schön, sich jetzt ins Bett zu legen und alles zu vergessen. Mit letzter Kraft und gutem Zuspruch bereite ich das Mittagessen vor. Joel ist in der Ganztagsschule, aber Sarah kommt zum Mittagessen nach Hause. Das Essen schmeckt fad, nicht für meine Tochter, die froh gelaunt von der Schule erzählt. Das Geschirr ist weggeräumt und mein einziges Ziel ist der Schlaf. An solchen Tagen schlafe ich zwei Stunden wie bewusstlos, um auf keinen Fall einen Gedanken an das Leben zu verschwenden. Früher zwang ich mich zum Aufstehen, aber momentan gestehe ich mir meine Launen zu, genau wie Mademoiselle. Sie hat mich am heutigen Tag in der

Hand, aber der Spätnachmittag naht und vor der Nacht hat sie Angst. Missmutig verlässt sie auf leisen Sohlen unsere Wohnung. Der Abend bricht an und ich bin mit meinen Kindern zusammen. Dies ist der schönste Moment an diesem Tag. Die Kinder sind zu Hause und ich bin nicht mehr alleine. Ich werde gebraucht und bin mir nicht selbst überlassen.

Ein neuer Tag! Nebel liegt über dem Garten, Regentropfen glitzern in den Bäumen und doch fällt es mir nicht schwer, aufzustehen und Frühstück zu machen. Mein Sohn hat seinen Bus verpasst und so fahre ich ihn in die Schule. Ich bin verabredet mit meinem Papa gegen 9.00 Uhr. Wir fahren zum Einkaufen und dann nach Karlsruhe in die Klinik. Meine Mutter wurde am Montag operiert. Noch bin ich froh gelaunt. Während der Autofahrt tauschen wir uns aus und erzählen über Bekannte und die neuesten Nachrichten der Tageszeitung.

Meiner Mutter geht es den Umständen entsprechend gut und sie liegt mit zwei sehr netten jungen Frauen im Zimmer. Nervend sind nur das Personal, das uns ständig wegen Nichtigkeiten aus dem Zimmer bittet, und die belehrende Physiotherapeutin. In meinem Innern macht sich Unruhe bemerkbar.

Die Klinik und die Räume um mich herum sind erdrückend, ich möchte nur noch nach Hause. Zum ersten Mal entwickle ich Hassgefühle gegen Krankenhäuser, Krankheiten und die ewigen Krankheitsfälle in unserer Familie. Meine Mutter ist, seit ich denken kann, von Ärzten, Kliniken und Operationen umgeben. Es

22

ist jedes Mal etwas Anderes und sie tut mir sehr leid, so viel in ihrem Leben ertragen zu müssen. Aber ich kann und will es nicht mehr mittragen. Ich will fort von diesem Ort, von meiner Erkrankung und meinem Leben. Es gibt doch noch so viel Schönes im Leben, das wir alle schon fast vergessen haben.

Auch bin ich auf der Heimfahrt darüber traurig, dass die Menschen, denen ich das Buch gewidmet habe, keine Anteilnahme, keine Worte oder Zuneigung für mich zeigen. Beim Schreiben war ich so stolz und voller Liebe, meinen Eltern, Kindern und meiner Freundin das zweite Buch zu widmen. Doch das Resultat ist vernichtend. Meine Erwartungen an sie werden nicht erfüllt. Wie vermessen von mir, ihnen meine Wünsche und Gedanken aufzudrängen. In mir schreit es nach Anerkennung, und ich habe das Gefühl, wieder einmal wie schon so oft als unwichtig in den Hintergrund gedrängt zu werden. Im Rückspiegel sehe ich Mademoiselle, die mich angrinst. Tränen füllen meine Augen, ich schlucke sie hinunter.

Schon mein ganzes Leben bin ich auf der Suche nach Anerkennung und bedingungsloser Liebe. Niemand kann diese Sehnsucht stillen, denn, wenn man zu sich selbst nicht gut ist und man sich selbst nicht so annimmt, wie man eben ist, kann einem diese Sehnsucht kein Mensch erfüllen.

Das Resultat zu Hause ist, da die Kinder am Nachmittag in der Schule sind, dass ich mich ins Bett lege und in einen gedankenleeren Schlaf versinke. Zu lange schlafe ich und wache mit Kopfschmerzen auf. Erst nach einem kurzen Besuch bei einer MS-Betroffenen aus der Selbsthilfegruppe geht es mir besser, denn

Mademoiselle habe ich unterwegs aus dem Auto geworfen. Den Abend verbringe ich mit einem Bekannten in einem Bistro. Für heute kratze ich wieder einmal die Kurve und telefoniere zum Tagesabschluss um Mitternacht mit einer Freundin. Wir beschließen, später irgendwann einmal eine Frauen-WG zu gründen und nur noch lose Verhältnisse mit Männern einzugehen. Das Lachen und Herumblödeln streichelt meine Seele.

Morgen möchte ich in der Therapie darüber sprechen, warum mich solche Nichtbeachtungen und derlei Desinteresse aus meiner nächsten Umgebung so verletzen.

Aber die Antwort wird dieselbe sein, wie oben schon beschrieben. Ich sollte meine Erwartungen an meine Mitmenschen nicht mit ihren messen. Ein Geben bedeutet nicht immer, dass man das Gleiche zurückbekommt.

Am nächsten Wochenende fahre ich zum Kurs „Lass dich nicht verletzen" ins Kloster Münsterschwarzach. Genau zum richtigen Zeitpunkt. Dort kann mich Mademoiselle nicht erreichen. Sie hat Einreiseverbot.

Ich erhoffe mir sehr viel davon, über das Verhalten und Miteinanderumgehen, etwas über mich und meine engsten Mitmenschen zu erkennen und daraus zu lernen. Einfach ein Stückchen weiter auf meinem Weg zu kommen, um Vergangenes zu verarbeiten, meine Depression besser zu verstehen und Hilfestellung im Alltag zu entwickeln. Der erste Kurs im letzten Jahr bei Pater Anselm Grün „Du bist ein Segen" zeigte mir den Richtungswechsel in meinem Leben, auch wenn mir die Trennung von meinem Partner sehr schwer fiel. Der Verstand, wie schon erwähnt, hat losgelassen, aber das Herz ist noch nicht bereit.

SO IST DAS LEBEN

Ist es vorbei
oder fängt es jetzt an?
Bin ruhiger, fühle mich anders.
So wirst du mich nicht kennen.
Du wirst es nie erfahren.
... so ist das Leben.

Vogel flieg, hebe ab und fliege davon.
Wo finde ich dich?
Werden wir uns wiedersehen?
... so ist das Leben.

Unsere Gedanken tragen uns davon.
Liebe ist ein großes Wort.
Nimm es ernst, sonst lass es lieber.
Groß ist der Schmerz,
denn danach viele Fragen.
... so ist das Leben.

C. Régnard-Mayer

Nach nur vier Stunden Schlaf, da ich die halbe Nacht mit Schreiben verbracht habe, benötige ich beim Frühstücken Streichhölzer für die Augen. Kein Trübsinn legt sich auf meine Seele, sondern Zorn und Aggression gegen Herrn B.

Mademoiselle hat wohl nicht den Weg zu mir nach Hause gefunden. Recht so, denn heute habe ich eine enorme Wut und Kraft, ich würde ihr einen Tritt versetzen. Mein Gemütszustand rührt vom gestrigen Tag und Abend. Einerseits das Nicht-anerkannt-Sein durch meine Lieben und zweitens die Begegnung mit meinem ehemaligen Partner im Bistro. Seine manische Lieblosigkeit und sein Hass, gemischt mit eisigen Blicken, machten mich traurig, aber auch zornig. Ich greife nicht zum Telefonhörer, um ihm die Meinung zu sagen. Vergessen von ihm die vielen guten Momente in unserer Beziehung. Geblieben dagegen seine Ignoranz, dass ich zu ihm gestanden habe trotz bipolarer (manisch-depressiver) Höhenflüge, die kaum gesunde Menschen aushalten können, seine Krebserkrankung, Scheidung u.v.m. Keinen Dank wünsche ich mir, aber ein Miteinander auf niedrigster Sparflamme und nicht maskenhafte Lachfratzen. Viereinhalb Jahre waren ein Auf und Ab, aber ich lebte sie aus voller Überzeugung mit ihm. Auch mit diesen Begebenheiten und Erkenntnissen muss ich fertig werden.

Ich fahre zur falschen Uhrzeit zu meiner Psychotherapeutin, eine Stunde später ein erneuter Versuch. Meine Wut steigert sich gegen mich, gegen die Vergangenheit und das Erlebte. Ich fühle mich wie ein sprudelnder Wasserfall während des Gesprächs mit Frau B., dabei kann sich meine geballte Wut Luft verschaffen.

Auf der Rückfahrt winke ich Mademoiselle unterwegs zu, als sie mit hängender Zunge am Straßenrand steht.

Ein Wochenende ohne trübe Gedanken, mit nur sehr dezenten depressiven Anwandlungen brachte ich hinter mich. Wie dies

26

klingt! Als ob ich nur noch meine Tage und die Zeit auf dieser Erde absitzen möchte. Das Ziel ist und bleibt eben, die Depression und Mademoiselle hinter mich zu bringen. Nur bedingt kann ich dies beeinflussen.

Gestern war ich nach sehr langer Zeit mal wieder im Wald spazieren. Nach der Wanderung beim Einsteigen ins Auto merkte ich, dass ich mich körperlich übernommen hatte. Mental gestärkt, an einem Ort gewesen zu sein, an dem ich schon so oft mit meinem ehemaligen Partner war, aber die Beine sprechen eine andere Sprache. Ameisen jagten durch sie hindurch und ein Schwächegefühl machte sich in meinem ganzen Körper breit. An diesem wunderschönen sonnigen Sonntagmittag verspürte ich so eine Lebenslust, aber die MS bremste mich aus. Traurig war ich nicht, doch sollte ich wachsamer und behutsamer mit mir umgehen. Froh gelaunt kam ich nach Hause und verbrachte einen gemütlichen Fernsehabend ohne PC und ohne innere Fluchtversuche.

Montagmorgen, ansonsten ein trister Wochenbeginn, starte ich zuerst ein Putzprogramm. Danach Einkaufen, allerdings mit Muskelkater und Sensibilitätsstörungen in den Beinen. Die MS schläft doch nicht, umso tiefer ratzt Mademoiselle vor sich hin. Wo sie sich befindet, ist mir schlichtweg egal. Solche Ausflüge in die Natur bewirken bei mir wahre Wunder. Ich strotze vor Energie.

Die Sonne scheint, aber von meinem Innern darf ich mich nicht täuschen lassen. Ich laufe über dünnes Eis. Ein zu fester Fußtritt und schon schwimme ich wieder in der Gefahrenzone. „Also aufpassen!", sage ich zu mir selbst.

Am Abend denke ich über das Verletztsein und das Zulassen von Verletzungen nach. Vielleicht erwarte ich einfach zu viel von anderen Menschen. Das, was ich selbst für einen Menschen machen würde, darf ich nicht zurückfordern. Trotzdem - ich bin enttäuscht z.b. von einer Freundin, die aus ihrer Ehe ausgebrochen ist, um schon nach knapp sechs Monaten wieder eine neue Beziehung einzugehen. Während dieser Monate ihres Alleinseins haben wir ständig telefoniert, SMS geschrieben und uns oft getroffen. Nichts ist mehr so wie vorher, seit dieser Mann in ihr Leben getreten ist. Sie hat keine Zeit mehr für einen schnellen Kaffee, ist telefonisch kaum zu erreichen und meine SMS bleiben unbeantwortet. Zuerst konnte ich das nicht verstehen, dann wurde ich wütend und jetzt nehme ich die Dinge so hin, wie sie sind. Ich hatte eben gedacht, das, was ich ihr gebe, müsste zu mir zurückkommen. Ich muss erkennen, dass es eben nicht so ist.

In ihrer Ehe durfte sie kaum mit irgendjemandem Kontakt haben, egal in welcher Weise. Wir alle waren froh, dass sie endlich dem goldenen Käfig entkommen war und wir unsere Frauenfreundschaft ausleben konnten. Es war eine schöne kurze Zeit, die wir nun akzeptieren sollten. Ich habe in meiner Beziehung immer versucht, den Kontakt zu meinen Freundinnen aufrecht zu erhalten. Aber ich darf nicht von mir auf andere schließen, ich sollte toleranter werden. Ich bin traurig und nehme diese Gegebenheit nun an. Irgendwie habe ich wieder etwas dazu gelernt. Nun lächle ich in mich hinein, denn am Freitag beginnt das Seminar im Kloster, auf das ich nun etwas „vorbereitet" bin.

Bei vielen Menschen fängt das Gewissen erst da an,
wo der Vorteil aufhört!
(Meine Tochter zitierte mir diese Zeilen aus ihrem Religionsbuch, wie treffend in diesem Moment!)
Mademoiselle scheint beleidigt zu sein. Seit letzter Woche habe ich sie nicht mehr gesehen. Prima, soll sie sich doch aus dem Staub machen. Trotzdem gelange ich nicht zu meiner Unbeschwertheit zurück.

Ich fühle mich heute Abend nach einem Besuch in der Neubetroffenen-MS-Selbsthilfegruppe im Pfalzklinikum seltsam bedrückt. Ich hatte erwartet, gerade da würden sich die mitbetroffenen Menschen über mein neues Buch freuen. Viele von ihnen hatten mich angespornt, die Fortsetzung des ersten Buches „Frauenpower trotz MS" zu schreiben. Und jetzt? Nur verhaltende Resonanz. Warum eigentlich? Liegt es an mir? Sind es einfach für sie zu viele Informationen über die MS, Persönliches und meine Lebensgeschichte? Oder - ist es vielleicht sogar Neid? Ich soll im August aus meinen Büchern lesen. Dann brauchen sie sie nicht zu kaufen und haben dennoch ein abendfüllendes Thema, meinte der Gruppenleiter. Ich spüre eine Spannung, bei der ich mich nicht wohl fühle.
Außerdem besteht die Gefahr, dass mein ehemaliger Partner dort aufkreuzen könnte, und dies würde mich total überfordern. Es macht mir Angst.
Mademoiselle ist nach wie vor in der Nähe und ich will ihr keinen Nährboden für depressive Phasen geben. Zu nahe stehe ich noch am Abgrund und spüre bedrohlich die dunklen Stunden der Bewegungs- und Handlungsunfähigkeit. Ich habe Angst.

In unserem regulären Selbsthilfetreff werde ich gerne etwas vorlesen, aber nicht in der Gruppe meines ehemaligen Partners. Ich muss und werde auf meine innere Stimme hören, die mir zuflüstert: „Gebe acht auf dich und tue nur das, was dir guttut!"

Hier möchte ich gerne noch meine Angststörung erwähnen. Zum Glück ist sie nicht so ausgeprägt wie meine Depression. Und doch habe ich Angst vor dieser Angst. In den schwärzesten Stunden meiner Depression begleitet auch sie mich. Sie setzt mich schachmatt, unfähig unter Menschen zu gehen.

Auf nach Münsterschwarzach ...

Endlich war es so weit! Gabi und ich fuhren zum Seminar ins Kloster Münsterschwarzach bei Würzburg.

„Lass dich (nicht) verletzen" war das Thema.

Leider sind die Kursteilnehmer ab diesem Jahr im neuen Gästehaus untergebracht. Hier fehlt der direkte Kontakt zur Klosterkirche und es erinnerte eher an ein weltliches Gästehaus, wenn da nicht die Mönche im Speiseraum und bei den vereinzelten Begegnungen auf den Fluren wären.

Das Schönste für mich war die Begegnung mit Andrea, die ich schon beim letzten Seminar kennen gelernt hatte. Den jetzigen Kurs leiteten ein evangelischer Pfarrer und seine Frau, die uns einen herzlichen Empfang bereiteten. Das Wochenende war angefüllt mit Vorträgen, Einzel- und Gruppenarbeit, kleinen Tänzen und Liedern und viel harter Arbeit am eigenen Ich und den Verletzungen, die wir alle in Fülle schon seit Jahrzehnten mit uns herumtragen. Beeindruckend waren die Erläuterungen zum Enneagramm, Selbstbestimmung, Relativierung, Ausgleich und Schutzmechanismen der Verwundungen.

Sehr bewegt hat mich das Durchlaufen des arrangierten Kreuzweges in Einzelarbeit in absoluter Stille, die mich meine ganze Kraft gekostet hat. Tränen sind nicht nur bei mir geflossen. Bei der 8. Station, wo Jesus seiner Kleider beraubt wurde, fühlte ich mich so in die Vergangenheit einer Verletzung durch meinen ehemaligen Partner versetzt, das Herz blutete mir und ich durchlebte erneut den Schmerz. Ich kann so intensiv die Wahrheit der Worte Jesu, die auch noch heute gültig sind, nachempfinden: „Man kann all meine Knochen zählen, sie gaffen und weiden sich an mir."
Ich mache immer wieder die Erfahrung, dass man den Schmerz über die zugefügte Verwundung zulassen muss, um ihn zu verarbeiten. Und um irgendwann vielleicht verzeihen zu können. Nur dass dann doch noch diese biestige Mademoiselle an die Tür klopft, müsste ja nicht sein. Meine Gedanken schweiften ab und im Stillen erinnerte ich mich und schlussfolgerte:

`Nie hätte ich gedacht, dass man jemals so in den Abgrund stürzen kann. Als ich diesen Mann vor über fünf Jahren kennen lernte, fing es schon so verrückt an, da hätten alle Alarmglocken bei mir anspringen müssen.

Aber von Natur aus suchte ich schon immer die Herausforderung, nichts darf einfach sein, am wenigsten bei Beziehungen. Ich denke immer in Richtung Zukunft, bevor die Sache noch gar nicht richtig begonnen hat. Schon früh die Dinge im sicheren Hafen zu wähnen, wurde geprägt durch meine Erziehung. Das sollte auch dieses Mal der Fall sein, nur die Scherben konnte ich selbst nicht mehr auffegen. Mademoiselle zerstreute sie ständig und schmiss sie mir vor die Füße.

Sie ist eine wunderschöne, elegant gekleidete Frau mit roten Lippen, aber arrogant und durchtrieben. Gegen sie wirke ich blass und fühle mich schwach und wertlos. Mit ihrer Art fing sie mich im Nu ein und umwob mich wie eine Spinne ihr Opfer im Netz.

Wenn ich zurück blicke auf die letzten viereinhalb Jahre, machte ich mir von Anfang an selbst etwas vor. Dieser Mann hat ein Charisma, dem ich ganz ausgeliefert war, und die materiellen Dinge, die er mir bot, kamen zum richtigen bzw. falschen Zeitpunkt in meinem Leben. Heute erkenne ich, dass Geld nicht glücklich macht und Ansehen ebenso wenig. Wenn das Herz nicht am richtigen Fleck sitzt, Humor und Lachen auf der Strecke bleiben und die Lust und der Blick für die schönen einfachen Dinge im Leben fehlen, sollte man seine Sinne beisammenhaben, die Füße in die Hand nehmen und rennen bis ans andere Ende der Welt. Ich weiß nicht, ob er ein Herz besitzt und ob er überhaupt lieben kann (dies fragte er sich oft selbst und philosophierte mit mir darüber), aber wenn, dann wohl am meisten sich selbst. Und dennoch tanzten die Menschen nach seiner Pfeife.

Durch seine psychische Haupterkrankung, die Bipolarität, war sein Charakter bis zum Schluss undurchsichtig. Wenn die Manie durchgestanden war, kam die Depression und dazwischen vielleicht sein wahres Ich. Aber irgendwann konnte ich die vielen Facetten nicht mehr unterscheiden. Ich möchte gar nicht mehr nachdenken über die vielen Versprechungen, die sich Tage später ins Nichts auflösten, um neuen Plänen und Ansichten Platz zu machen. Irgendwann waren durch diese Demütigungen und Schwankungen einfach meine Geduld und Liebe zu Ende.

Man kann als Mensch zwar viel erdulden, doch auch ich erkannte endlich, wenn ich nicht endlich von diesem Karussell absprang, würde ich mich in einer Spirale drehen, aus der ich mich gar nicht mehr befreien könnte.

Leider hat mir niemand gesagt, dass Mademoiselle an meine Tür klopfen sollte.

Aber die Depression hat mir auch geholfen, mein Leben, die Ziele und Wünsche der Zukunft neu auszuloten. Zwar etwas wackelig, aber doch mit mehr Eigenständigkeit und Fürsorge für mich, gehe ich nun meinen Weg weiter. Ich weiß, dass ich mit meinen Kindern allein leben muss, zumindest bis sie selbstständig in ihre eigene Zukunft gehen können. Das heißt nicht, dass ich alleine bleiben möchte, aber getrennte Wohnungen und Zeiten des Alleinseins mit den Kindern haben jetzt oberste Priorität.

Das war nun das „Wort zum Sonntag", fragen Sie mich? Nein, dieser Umweg meiner Gedanken war notwendig, damit sie mich besser verstehen. Die Zeit im Kloster, auch wenn es nur drei Tage waren, bringt mich jedes Mal ein Stückchen weiter auf meinem Weg. Im letzten Jahr erkannte ich im Gespräch mit Pater Anselm, dass ich loslassen muss, was mir nicht guttut. Und in diesem Jahr erlebte ich durch das Eintauchen in Verletzungen, dass das Durchleben des Schmerzes, das Verarbeiten und Loslassen die Genesung möglich macht, und ich dann mit Mut und Lust am Leben frei durchatmen kann.

Sicher, die Jahre haben Spuren hinterlassen, machen mich misstrauischer und lassen mich Dinge hinterfragen, über die ich mir früher weniger Gedanken machte. Das Schlimmste waren die Monate der Depressionen und die unangekündigten Besuche von Mademoiselle. Sie saß schon morgens an meinem Bett, begleitete mich wie ein Schatten durch den Tag und grinste mich an, wenn mein Gehirnstoffwechsel bzw. der Serotoninaustausch ins Stocken gerieten. Auch mit dem dritten Antidepressivum brauchte ich Wochen, um einigermaßen die Tage durchzustehen bzw. zu ertragen.

Das Erscheinen meines zweiten Buchs löste kein Jubelgeschrei aus, sondern erlöste mich von der nächtlichen, verbissenen Schreiberei und stürzte mich kurzzeitig in eine depressive Episode. Und wieder, fast schon zur Gewohnheit geworden, thronte Mademoiselle im Wohnzimmer oder fuhr ungebeten in meinem Auto mit. Aber nachdem ich ihr den Wohnungsschlüssel abgenommen hatte und sie, so wie sie selbst war: dreist und gemein, eines Tages während einer Autofahrt hinausgeworfen hatte, blieb sie fern. Zuerst blickte ich mich ständig ängstlich um, aber nichts war von ihr zu sehen. Weit und breit keine elegante Dame zu erblicken und schließlich gewöhnte ich mich an die Tage ohne sie.

Ich weiß, es war für Sie als Leser ein heftiger Sprung in meine Gedankenwelt, aber Sie müssen nochmals mit mir zurück ins Klosterleben. Denn der Kreuzweg liegt mir doch sehr am Herzen, damit Sie mich und mein Handeln und Denken besser verstehen.

Die vierte Station, bei der Jesus zum ersten Mal unter das Kreuz fällt, sollte uns Lebenssituationen vermitteln, bei denen wir Niederlagen erlitten hatten und andere Menschen über uns spotteten.

Die Tränen liefen mir erneut über die Wangen. Ich spürte schmerzlich Situationen, in denen mich die Menschen aus dem Umfeld meines ehemaligen Partners verspotteten. Das Schlimmste war damals, dass diese Menschen über mich urteilten, ohne mich zu kennen. Aber wie blöd muss man sein, wenn der Partner nicht zu einem hält und die Tatsachen nicht klärt, dass man bei ihm bleibt. Unvorstellbar in diesem Moment, wie hörig ich ihm doch war.

Der gesamte Kreuzweg war schmerzlich und erschütterte mein Innerstes. Ich konnte hinterher kaum laufen, so eine immense mentale und körperliche Kraft hat das Eintauchen in Verletzungen und Geschehnisse aus meinem Leben gekostet. Aber unsere beiden Referenten fingen uns mit Fürsorge und Ruhe auf. Am Abend war ich zwar total erschöpft, aber bestärkt in dem Gefühl, diese Aufgabe für mich gelöst zu haben. Andrea, Gabi und ich beschlossen in einer gemütlichen Runde zu dritt, Zettel mit Personen, die uns Verletzungen zugefügt hatten, bzw. die Verletzungen selbst aufzuschreiben. Anschließend verbrannten wir sie am Fluss neben dem Kloster und gaben ihre Asche ans Wasser ab. Sie schwamm davon und unsere Herzen waren erleichtert. Noch Wochen später spürte ich diese Erleichterung!

35

Schluss mit Beten, jetzt kommt Fachliches ...

Leider kann ich Sie, liebe Leser, nicht damit verschonen, denn um eine Depression besser verstehen zu können, werde ich Ihnen jetzt nackte Tatsachen an den Kopf werfen!

Der Rückzug, die gewählte Isolation,

jetzt ist sie da, die Depression.

Ich spüre, wie sie nach mir greift

und meinen Körper so versteift.

Alles ist Stein, kann nichts mehr spüren,

will mich nie mehr von der Stelle rühren.

Die Tränen laufen, ganz von allein,

wie schön wäre es doch, tot zu sein.

Der Tod als Erlösung, so fühlt es sich an,

sie hat meine Seele in ihrem Bann.

Der Tag, die Sonne, die Freude, das Licht,

alles in diesem Schmerz zerbricht.

Dieses Gedicht schrieb ich schon in meinem zweiten Buch nieder, treffender kann man keine Depression beschreiben! Leider stammt es nicht von mir, sondern von einem unbekannten Verfasser aus der Homepage der Deutschen Gesellschaft für Bipolare Störungen (DGBS).

Halt! - dableiben, das Medizinische kommt sogleich.

Zum ganzen Elend der Depression kommt bei mir die Erkrankung Multiple Sklerose dazu. In diesem Buch werden Sie keine Weisheiten über neurologische Ausfälle und befallende Myelinschichten, auch nichts über Läsionen (Entzündungsherde) oder über Therapien erfahren. Dafür müssen Sie zum ersten oder zweiten Buch greifen. Nur so viel sei gesagt, durch hirnorganische Veränderungen des MS-Betroffenen manifestieren sich Depressionen (organische Depressionen) eher. Einschneidende Verluste wie z.b. Verlust des Arbeitsplatzes, unvorhersehbarer Verlauf und somit der Zukunft, Abwendung eines Partners und von Freunden, chronische Erschöpfung und Zunahme körperlicher Symptome u.v.m. verursachen oft eine reaktive Depression. Unmittelbar auftretende Depressionen können durch Medikamente, z.B. Interferone und Kortison, auftreten.

Ärzte unterscheiden zwischen unipolaren (an der ich erkrankt bin) und bipolaren Depressionen (an die Herr B. erkrankt ist, leider lebenslänglich). Bipolare Depressionen äußern sich durch das zusätzliche Auftreten von manischen Phasen, die durch eine krankhafte Hochstimmung gekennzeichnet sind. Dagegen muss der Patient meist bis zu seinem Lebensende z. B. Lithium-Medikamente einnehmen. Weitere fachliche Ausführungen entnehmen Sie bitte der entsprechenden Fachliteratur, es würde hier den Rahmen meiner Depressionsgeschichte sprengen.

37

Mademoiselle stand schon einmal während meiner Basistherapie mit einem Interferon bei mir im Türrahmen, lachend und frech, in grau gekleidet ohne ihren Federhut. Damals verstand ich nicht, was sie mir sagen wollte, zu sehr leckte ich meine Wunden wie die Erkenntnis „chronisch krank" und noch dazu „unheilbar", dem Verlust meines Berufslebens und die Erkenntnis, dass nichts mehr so ist wie vor der Diagnose.

Statt zuzuhören, ließ ich sie erst gar nicht zu Wort kommen, verschloss Augen und Ohren und beleidigt zog sie von dannen. Damals halfen mir die Psychotherapie und Antidepressiva. Mademoiselle musste nochmals fünf Jahre später bei mir auf der Matte stehen. Dieses Mal schwarz gekleidet mit Hut und Hand-schuhen, hart und gemein waren ihre Gesichtszüge und provo-zierend ihre roten Lippen.

Irgendwie habe ich aber doch die A-Karte gezogen! Zumindest ist diese Krankheit, die Depression heilbar und durch Medikamente, Psychotherapien und kognitive Verhaltenstherapien gut in den Griff zu bekommen. Außerdem unterstützen nicht abhängig machende Medikamente, die Antidepressiva. Sie greifen in die Stoffwechselvorgänge des Gehirns ein, wo der Synapsenaustausch gänzlich zum Erliegen kommt, und verbessern die Weiterleitung von Reizen. Na bravo, Angriff von allen Seiten, entweder T-Zellen, die meine Nervenfasern angreifen oder Botenstoffalarm. Krieg vom Feinsten!

Moderne Antidepressiva machen nicht süchtig und schränken auch das Reaktionsvermögen nicht ein. Sie können sogar unbedenklich über Monate oder Jahre eingenommen werden. Dieser Satz wird von der Pharmaindustrie propagiert, ich bin eher vorsichtig, was die Dauer der Jahre angeht. Aber wer fragt schon mich?!

Dieses Mal verschone ich Sie mit gut gemeinten Ratschlägen zur aktiven Unterstützung der depressiven Episoden, denn wer will schon in seinem absoluten Tief etwas von einer Bergbesteigung zum Mount Everest oder Spaziergängen an frischer Luft hören. Ich auf jeden Fall nicht! Zu gefangen bin ich in diesen Zeiten in meinem Körper und im „Nebel des Vergessen Wollens". Sollen die Anderen sich doch ihre Bergausrüstung alleine zusammenstellen und frische Luft schnappen, so viel sie wollen. Basta!

Ein heikles, mit Fingerspitzen angefasstes Thema, das auf gar keinen Fall tabuisiert werden darf, sind die Selbsttötungsabsichten bis hin zur Planung eines Suizids. Bei solch einer Situation muss unbedingt ärztlicher Rat eingeholt werden und die Angehörigen sollten offen mit dem Betroffenen sprechen. Denn dies ist von unermesslicher Bedeutung und unerlässlich bei Suizidgedanken, um dem Betroffenen zu helfen. Vorausgesetzt, er öffnet sich für Gespräche. An dieser Stelle weise ich darauf hin, dass ich nie solche Gedanken hatte und mich nie mit der Ausführung eines Suizids auseinandersetzte. Aber über den Tod im Allgemeinen, darüber dachte ich in den Zeiten der Depression oft nach, mehr zu Beginn in der tiefsten Phase, wobei dies mit der längeren Einnahme der Antidepressiva und dem Fernbleiben von Mademoiselle immer weniger wurde.

Da wären wir mal wieder bei meinem schwarz gekleideten Fräulein. Bei ihrem plötzlichen Auftritt und der Show „mit der Tür ins Haus fallen" trägt sie immer schwarze lange Handschuhe und ihre Lippen sind tief rot geschminkt. Der schwarze, mit Federn geschmückte Hut ist ein krasser Gegensatz zu ihrem weißen, fahlen Gesicht. Chic und überheblich steht sie vor meiner Tür und klingelt Sturm. Leider habe ich nicht durch den Türspion geschaut, jetzt ist kein Entrinnen mehr möglich. Mademoiselle und die begleitende Depression stehen in meiner Wohnung!

Nicht schon genug, dass Vereinsamung, Trauer um verloren gegangene Fähigkeiten und Angst vor meiner ungewissen Zukunft in mein Leben einmarschiert sind, so kommt nun diese feine Dame mit Zutaten wie Schwermut, Pessimismus, Schwarz-Weiß-Denken, Kraftlosigkeit, Denkunfähigkeit und Müdigkeit einfach so daher!

Habe ich sie doch wirklich nicht gebeten, mir diese Suppe zu kochen um sie dann auch noch selbst auslöffeln zu müssen. Zum Nachkochen wirklich nicht geeignet, kann ich Sie, liebe Leser, nur warnen!

So, jetzt haben Sie wirklich genug Geduld gezeigt, jetzt berichte ich Ihnen vom Auslöser und **dem Beginn meiner Depression ...**

... dem Besuch von Mademoiselle.

Die Geschichte oder das unvermeidliche Zusammentreffen mit dieser Grande Dame begann im Herbst 2009. Damals war ich so festgefahren in meinen Gedanken, Hoffnungen und Wünschen, dass ich gar nicht bemerkte (oder wollte es nicht merken), dass mein Leben in absehbarer Zeit eine Wendung nehmen würde.

Wenn man liebt, hofft und ständig verzeiht, gibt man sich selbst auf. Ich tat dies schon seit vier Jahren unbewusst und nichtsahnend stürzte ich in diese Beziehung mit meinem damaligen Partner, die mich in den Abgrund riss. Dramatisch ausgedrückt, aber so wahr und obendrein vorhersehbar.

Ich nenne ihn Herrn B., denn er ist zum jetzigen Zeitpunkt weder mein Partner noch mein Freund oder Kamerad. Es klingt neutral und distanziert mich von ihm.

Das Berichten über Vergangenes und das Reflektieren dieser Beziehung fallen mir schwer. Ich hatte es mir leichter vorgestellt, immer wieder mache ich Schreibpausen und schüttle den Kopf über mich und die verlorenen Jahre.

Mademoiselle würde dasselbe tun, wenn sie neben mir sitzen würde. Die Arme irrt wohl im Pfälzer Wald umher oder besucht einen anderen Verwandten.

Noch ist alles harmlos ...

Durch eine Annonce in einer medizinischen Fachzeitschrift lernte ich Herrn B. kennen. Die erste Begegnung in einem Café mit ihm hätte mir schon zu denken geben sollen, denn er sprach nicht nur wie ein Maschinengewehr, er stellte mir auch Fragen über mein Leben, Kinder, Lebensansichten und -interessen. Und aus heutiger Sicht zum Lachen war die Tatsache, dass er ständig verstohlen auf einen Zettel schaute, auf dem die Fragen standen, die er sich schon vorher überlegt hatte. Als ich erfuhr, dass er noch verheiratet war, seine Frau im Haus lebte und sie sich erst vier Wochen vorher getrennt hatten, da hätten zum zweiten Mal die Alarmglocken bei mir schrillen sollen. Doch sämtliche Sirenen schienen in dieser Stadt kaputt zu sein!

Ich habe in meinem ganzen Leben noch nie so einen Menschen getroffen, der solch ein Charisma ausstrahlt, der Menschen manipulieren und hinhalten kann. Der mich immer wieder vertröstete, nach dem Motto „Zuckerbrot und Peitsche", natürlich sinnbildlich gemeint!! Er legte mir die Welt in Form von tollen Urlauben zu Füßen, die sich im Nachhinein immer als mittlere Katastrophen herausstellten. Finanziell war er bestens versorgt, da er zielstrebig seine Karriere in seinem Berufsleben verfolgte, somit waren sein Hausbau und Leben bestens durchorganisiert und gesichert.

Er hatte für mich eine Ausstrahlung, eine Anziehung, die nicht zu beschreiben ist. So oft habe ich schon über dieses Phänomen nachgedacht und kann es einfach nicht in Worte fassen. Ich täte es so gerne, damit man mich versteht. Aber das Wichtigste wäre, ich selbst könnte es verstehen! Es wird auch für mich ein ewiges Rätselraten bleiben.

Ein undurchsichtiges Band - wie hauchdünne Fäden in einem Spinnennetz - verband uns und im Nachhinein war ich der kleine Käfer und er die Spinne, die mich einwickelte. Zwar gehören immer zwei dazu, aber Liebe macht bekanntlich blind, und ich war mit dreifacher Blindheit geschlagen.

Dieses Band führte dazu, dass ich fühlte, wann es ihm schlecht ging, und diesem Impuls bin ich mehr als einmal gefolgt, um ins Auto zu steigen, und leider stellte sich jedes Mal heraus, dass mein Empfinden richtig gewesen war. Irrational und nicht mit normalen Menschenverstand zu erklären, aber vielleicht gibt es in unserem Universum Dinge, die sich nicht erklären lassen. Ich werde es so im Raum stehen lassen.

Sie merken, liebe Leser, ich muss weit ausholen, um Ihnen meine Beweggründe und mein Ausharren bzw. Festbeißen in dieser Beziehung irgendwie näher zu bringen. Auch um meine Depression und den Besuch von Mademoiselle zu erklären. Die Schuldige war ich, denn jeder von uns ist der Schmied seines Glücks und übernimmt die Verantwortung für sein Leben. Wenigstens zum größten Teil.

Die ersten Wochen unserer Beziehung waren geprägt von Nähe und gleichzeitig von Distanz. Er kam unverhofft, oft morgens vor seiner Arbeit, verschwand mit hoffnungsvollen euphorischen Worten, um abends nicht erreichbar zu sein. Ich konnte ihn anfangs nicht anrufen, da seine Frau noch bei ihm wohnte. Erst nach ihrem Auszug konnte ich mit ihm telefonieren, doch dann hatte ich seine fast erwachsenen Kinder gegen mich. Diese verkrafteten den Auszug der Mutter und das Zurückgelassensein bei ihrem Vater, ohne nach ihrer Meinung gefragt worden zu sein, nicht und der Schwarze Peter wurde nun mir zugeschoben. Auch der Rest der Familie, seine Mutter und sein Bruder standen mir nun feindlich gegenüber. Erst fast eineinhalb Jahre später wurde ich akzeptiert und heute nach der Trennung bedauern sie ihr Verhalten zutiefst.

Keiner erkannte zum damaligen Zeitpunkt, dass diese Ehe schon lange Zeit vor mir zu Ende war und die Trennung und der Auszug seiner Frau vor unserem Kennenlernen beschlossene Sache gewesen war. Aber oft werden Gründe und Menschen vorgeschoben, wenn man verletzt und fassungslos vor einer Lebenskrise und einer neuen Situation steht. Als Sündenbock kam ich zur rechten Zeit.

Herr B. und ich planten eine Romreise. Fünf Tage nur für uns alleine. Ohne Kinder, Schikanen und weit weg von zu Hause. Ich freute mich so sehr und auch Herr B. studierte den Stadtplan von Rom. Aber dann kam es anders. Die Romfahrt zerplatzte wie Seifenblasen. Denn Herr B. plante beim Umzug seiner Noch-Ehefrau mit zu helfen und stellte mich vor vollendende Tatsachen. Er stornierte die Fahrt alleine im Reisebüro ohne mit mir vorher darüber zu sprechen. Ich blieb zurück mit meinem Gefühlschaos. Während des Umzugs hatte er wenig Zeit für mich. Zum damaligen Zeitpunkt wussten wir noch nicht, dass er sich in einer manischen Phase befand, aber dann kam der schreckliche Abend im September der den Stein ins Rollen brachte.

Wir verabredeten uns zu einer Wanderung im Wald an meinem kinderfreien Tag. Als ich zur verabredeten Zeit zu seinem Haus kam, lag ein Brief vor seiner Haustür. Er war an mich adressiert.

Das, was ich in diesem Brief las, konnte ich erst gar nicht verstehen. Herr B. beendete unsere Beziehung mit knappen Worten. Keine Erklärung. Keine Gründe. Er schrieb mir, er wäre untergetaucht. Ich sollte erst gar nicht nach ihm suchen oder mit ihm Kontakt aufnehmen. Geschockt und hilflos, selbst im Ausnahmezustand, fuhr ich nach Hause und wartete auf eine Nachricht von ihm. Was war passiert? Die Stunden zogen sich dahin. Keine Reaktion von ihm. Herr B. verhielt sich sonderbar, ich konnte keine Erklärung finden. Mit dröhnte der Kopf vom Nachdenken. Der Tag verging in Sekunden.

An besagtem Abend regnete es sehr stark. Bis heute kann ich nicht beschreiben, was ich damals empfand und mich zum Handeln bewegte. Plötzlich erstarrte ich innerlich, ließ daheim alles liegen und stehen und fuhr zu seinem Haus. Hell erleuchtet, gespenstisch fand ich es vor und trotz ständigen Klingelns und Anrufens reagierte er nicht. Ich wusste und spürte es, hier stimmte etwas nicht. Zum Glück kam sein Sohn angefahren und ich berichtete ihm meine Vermutungen. Er ließ mich nicht ins Haus, aber verständigte seinen Onkel. Herr B. hatte sich eingeschlossen, er hatte eine Psychose mit Halluzinationen.

Ich erfuhr später, dass er für eine Nacht in die Klinik eingeliefert wurde und dann freiwillig in eine Spezialklinik nach Mannheim ging. Dort diagnostizierten sie: bipolare Störungen (manisch-depressive Störungen).

Anschließend kam er in eine Privatklinik zur Erholung und Behandlung dieser Erkrankung. Auch um zu lernen, mit dieser Diagnose umzugehen, und um mit Medikamenten eingestellt zu werden.

Ich habe während dieser Zeit immer wieder den Kontakt zu ihm gesucht, auch wenn dies nur durch Briefe und kleine Geschenke möglich war. Ich musste respektieren, dass er diese schwere Zeit alleine durchstehen wollte. Aber meine Gedanken waren ununterbrochen bei ihm.

Erst Anfang des folgenden Jahres fanden wir durch viele Gespräche wieder zu einander. Die Zeit davor nutzte ich um mich über diese sehr schwere psychische Erkrankung zu informieren oder mich mit Betroffenen und Angehörigen zu treffen. Ich wollte allen damals und mir am meisten beweisen, dass ich ihm durch Liebe und füreinander Dasein helfen könnte. Mit dem Kopf bin ich buchstäblich an die Wand gerannt, trotz meiner Erkrankung, bei der Stress nicht gerade förderlich ist. Die Quittung bekam ich in Form von Schüben, einer nach dem anderen in den Jahren danach. Stur wie ein Maulesel, doch der ist noch harmlos gegenüber meinem Verhalten! Aber ich konnte einfach nicht loslassen. Ich fühlte mich verantwortlich, ohne dass mich jemand dazu aufgefordert hätte.

Mit Engelszungen haben mich Freunde und meine Familie dazu bewegen wollen, dieses Verhältnis zu beenden. Aber ich war so verstrickt in dieser Beziehung. Ich hatte mich selbst aufgegeben, um für ihn da zu sein und mich ganz nach seinem Gefühlsbefinden zu richten. Auch meine Kinder nahmen Rücksicht auf ihn, zogen sich zurück, wenn er in einer depressiven Episode war, und freuten sich, wenn es ihm „scheinbar" wieder besser ging, ohne zu wissen, dass er in einer manischen Phase war. Irgendwann konnte ich weder die Bipolarität, noch sein Mischverhalten und seinen „normalen" Charakter unterscheiden. So wie ein Chamäleon seine Farben wechselt, änderten sich seine Gemütszustände. Eine Achterbahn der Gefühle, wie in der Fachliteratur beschrieben, durchlebten wir diese Phasen als Paar in allen Facetten.

Nicht ohne den anderen, aber auch nicht mit dem anderen ...

Wir trennten uns dreimal in den viereinhalb Jahren, um festzustellen, dass keiner ohne den Anderen leben konnte und wollte. Uns verbindet nicht nur die MS und das geheime Wissen um die

Bipolarität, das bis heute nur wenige wissen, nein, auch die vielseitigen Gespräche und das Philosophieren über das Leben, gemeinsame Interessen und Lebensauffassungen stimmten perfekt überein. Unsere Freizeitgestaltung wie das Wandern im Wald, Kino, Konzerte, Theater, Bücher, Freunde besuchen u.v.m. schweißten uns zusammen. Gemütliche Abende zu Hause mit einem tollen Essen, das wir zusammen zubereitet hatten, und einer guten Flasche Wein vorm Kamin genossen wir in vollen Zügen. Auch gemeinsame Unternehmungen mit meinen Kindern harmonierten.

Mit seinen Kindern verband mich nichts. Wir gingen zwar einigermaßen respektvoll miteinander um und begegneten uns bei Familientreffen wie zivilisierte Menschen. Dennoch lehnten sie mich als neue Partnerin ihres Vaters ab. Die Stimmung war frostig. Wo sie nur konnten, intrigierten sie hinter meinem Rücken und durch die fehlende Solidarität ihres Vaters, der sich bei allem heraushielt und nie verbal dagegenhielt, hatte ich keine Chance. Für das gesundheitliche Wohlbefinden war ich in ihren Augen gerade gut genug, da sie sich bis heute von seiner Krankheit distanzieren.

Spätestens jetzt, liebe Leser, werden Sie sich an den Kopf fassen und das Buch aus der Hand legen oder so neugierig sein, dass Sie weiterlesen. Denn jetzt kommt es noch dicker, noch verrückter! Ich lasse Sie entscheiden, aber das Durchhalten bringt Sie ja wieder zu unserer/meiner hübschen segensreichen Mademoiselle zurück. **Nur Mut!!** Denn diesen Mut hatte ich ebenso, nur, dass Sie mit heiler Haut davonkommen und ich nicht!

Gott und die Welt mischte sich ein, ob meine Eltern, seine Mutter oder Freunde. Im Nachhinein ist man meist klüger, aber wie schon gesagt, ich muss immer mit dem Kopf durch die Wand. Schon mein ganzes währendes Leben. Erst denken, dann handeln, war noch nie mein Ding.

In der Kindheit war ich ein verträumtes, schüchternes Kind und ich tat, was mir aufgetragen oder von mir gefordert wurde. Ich muckte kaum auf und wenn, zog ich mich sogleich in mein Schneckenhaus zurück. Am liebsten lebte ich in einer Traumwelt mit Schloss, Prinz und Prinzessinnen. Keine Ahnung warum, es war einfach meine Fantasie und eventuell auch wegen der vielen Erzählungen meiner Oma aus dem dicken Märchenbuch der Gebrüder Grimm.

Ich bin heute überzeugt, dass ich schöne und gut behütete Kinderjahre hatte, aber in der Pubertät versuchte ich meinen Kopf durchzusetzen. Es ging gründlich daneben, denn gegen klare Ansagen und Grenzsetzungen meiner Eltern konnte ich mich nicht durchsetzen. Die heutige Fähigkeit zum Argumentieren und meine Interessen zu formulieren, fehlte mir damals noch. Rhetorisch war ich als Jugendliche glatt unterlegen. Ich denke heute, dass ein weniger straffes Erziehungsprogramm förderlicher gewesen wäre. An abendlichem Ausgehen scheiterte ich genauso wie an der Jeansjacke (die kaufte ich mir endlich mit 38 Jahren!!) und der Wimperntusche mit 15 Jahren. Heimlich tat ich fast nie etwas, zu groß war die Angst erwischt zu werden. Ich ging brav in den Gottesdienst vor dem neuen Schuljahr, anstatt mit meinen Freundinnen im Café abzuhängen. Ach, bereue ich dies, denn keine glanzvollen Jugendgeschichten oder -sünden kann ich hier erzählen. Und meinen Enkelkindern, wenn ich welche kriegen sollte, auch mal nicht.

Selbst mit meinen Berufswünschen konnte ich mich nicht durchsetzen, denn anstatt das Abitur zu machen, ging ich eben an das Naturwissenschaftliche Technikum in Landau. Damals hätte mir ein Besuch einer staatlichen MTA-Schule in Ludwigshafen fürs Flügge werden gutgetan. Das Abnabeln von meinem Elternhaus schaffte ich noch nicht einmal durch den späteren Umzug im Jahr 1990 nach Mannheim und zu meiner Schande noch nicht einmal während meiner Ehe. Immer brauchte ich ihren Rat, wehrte mich unbewusst gegen das Erwachsenwerden, wagte nicht, mein Leben so zu gestalten, wie ich es mir erträumte. Die Angst vorm Versagen und vor Fehlentscheidungen, die schon in der Jugend präsent war, holte mich immer wieder ein. Es war für beide Seiten bequem. Wenn man es dann mit über Vierzig tut, verstehen die Eltern die Welt plötzlich nicht mehr.

Und ich? Ich dachte besser jetzt, als nie ...

... und stellte mein Leben auf den Kopf. Mit Herrn B., und das so gründlich, dass es auch wieder nicht richtig war. Nur - damals wusste ich es noch nicht.

Die ersten Monate nach unserem Neustart waren harmonisch mit wenigen Ausnahmen. Das Geheimnis und das Zurechtfinden mit seiner psychischen Erkrankung forderten unsere ganze Kraft und Aufmerksamkeit. Seine Scheidung wurde weder von ihm noch von seiner Ehefrau forciert und jeden zweiten Sonntag, wenn ich wieder nach Hause zu meinen Kindern fuhr (Vaterwochenende), bat er mich um Geduld und der Satz: „Hab noch etwas Geduld, irgendwann sind wir jeden Tag zusammen, es regelt sich alles", schwirrt heute noch in meinem Kopf herum, glitschig wie Seife und doch auch wie das Darbieten feinster Schokolade.

Auch der Kommentar einer seiner Kinder zum erneuten Versuch, bereitet mir, wie schon damals, Übelkeit: „Mal sehen, wie lange es dieses Mal geht!" Wie Recht sie hatten und wie verklärt ich die Beziehung damals sah.

Ich bin mir sicher, Mademoiselle begleitete mich schon während dieser Zeit, aber dieses Miststück hielt sich im Hintergrund und ließ mich voll ins offene Messer rennen. Sicher saß sie hinter einer Hecke seines Hauses und beobachtete uns, rieb sich ihre knochigen Hände und lachte sich eins ins Fäustchen, denn ich sollte bald ihre neue Kundin werden.

Während dieser Monate übernachtete ich an meinen kinderfreien Wochenenden bei Herrn B. Nicht immer waren es gute Tage und Nächte. Wir hatten beide unseren Kopf und unsere Mitmenschen ebenso. Ich fühlte mich in seinem Haus nicht wohl, kam mir häufig vor wie ein Eindringling und die Gespenster besuchten mich in der Nacht. Schattenbilder tanzten im Zimmer und lachten verzerrt. Oft bin ich wieder aufgestanden, traurig und alleingelassen mit meinen Gedanken, ging ziellos im Wohnzimmer umher, und in vielen Nächten half nur eine Schlaftablette. Die Wände berichteten von Vergangenem und die Kälte kroch in meinen Körper.

Unser erster Urlaub zu zweit sollte in eine italienische Region, die Toskana gehen. Wir buchten eine noble Herberge abseits vom Tourismus, erreichbar nur mit dem Flieger und einem Leihauto. Durchgeplant die Tage und zur Belohnung am Abend das Beste vom Besten für unsere Gaumen. Weniger hätte mir auch genügt, aber sein Image musste aufrecht gehalten werden.

Diese Reisen hatten immer für mich einen bitteren Beigeschmack, denn erstens bezahlte ich nicht selbst und zweitens wurde für mich entschieden, auch wenn ich meine Wünsche äußern durfte. Aber Herr B. hatte das letzte Wort. Selbstschuld würde Mademoiselle jetzt kommentieren – wie Recht sie hat und wie geblendet ich von Äußerlichkeiten war.

Unsere vielen Urlaube waren geprägt von Höhenflügen. Eine blaue Skipiste ist Dreck gegen das, was ich erlebt habe. Die schwarze Abfahrt musste es schon sein! Nach einem Sturz stand man eben wieder auf. Aber jedes Mal etwas wackeliger.

Der letzte Urlaub auf Mallorca mit ihm war die Hölle und da erkannte ich erst bzw. wusste, hier ist Ende und keinen Schritt weiter! Alleine saß ich abends am Meer und rief meine Freundin in Deutschland an, denn das Schwimmen von dieser Insel war mir doch zu weit. Rudern musste ich schon an Land und das Einüben im Schweigen beherrschte die Tagesordnung.

Das bisschen Verstand, das ich noch besaß, löste schrillen Alarm aus. Ich saß fest auf dieser wunderschönen Insel mit dem Mann meiner Träume, der sich in einen Alptraum verwandelt hatte.

Ab und zu sah ich eine schwarze Dame, aber sie huschte so schnell an mir vorbei, dass ich sie nicht wahrnahm. Vielleicht wollte ich sie auch nicht kennenlernen wie sie so mit ihren schwarzen

Klamotten und blondierten Haare daherkam. Zum damaligen Zeitpunkt hätte ich ihr eh die rote Karte gezeigt.

Meine MS schlug Alarm und ich überhörte jeden Schub ...

... körperlicher und psychischer Stress beherrschten meinen Alltag.

Entweder seine Kinder boykottierten unsere Beziehung oder meine Familie. Wir machten zwei Schritte nach vorne und drei zurück. So viele Schritte zurück hatte ich in meinem bisherigen Leben noch nicht gemacht. Schade, dass ich sie nicht gezählt habe, es wäre eine sinnvollere Freizeitbeschäftigung gewesen und ins Guinnessbuch der Rekorde fürs Rückwärtsgehen wäre ich allemal gekommen. Aber Mademoiselle zählte sie sicher und führte heimlich eine Strichliste, sonst hätte sie nach vier Jahren nicht so zugeschlagen!

Zum Glück kannte ich sie damals noch nicht, sonst hätte ich ihr den Hals umgedreht, so verbohrt und verzweifelt war ich. Zugenagelt eben!

Den Pfälzer Wald und jede Hütte im Umkreis von 25 km um Landau herum lernte ich kennen, was mir in meinem Freundeskreis als Sachkundige zugutekommt. In der Natur schalte ich ab und hole mir Kraft für den Alltag. Aber die vielen endlosen Wanderungen mit unmöglichen angeblichen „Abkürzungen" taten meinem MS-Geplagten Körper nicht immer gut. Aber Mithalten bis zum Umfallen war damals meine Devise. Heute gehe ich die Spaziergänge gemütlicher an, mit offenem Blick für die Natur, und halte Ausschau nach Sitzgelegenheiten. Leider sind durch das

Wegfallen dieser Beziehung meine Waldbesuche dezimiert, da ich keine wanderfreudigen Freundinnen habe.

Die Gespräche, der Austausch und das Philosophieren fehlen mir. Denn gute Dinge brachte diese Freundschaft auch hervor. Sonst müssten Sie sich spätestens jetzt fragen, warum wurde diese Person, sprich ich, nicht zwangseingeliefert? Denn ich glaube, Sie fragten sich zwischendurch schon mehr als einmal, ob ich bei klarem Verstand während dieser Jahre war. Aber die Zeit für den Einzug von Mademoiselle war noch nicht reif und alle Termine in der Notaufnahme ausgebucht.

Dazu fällt mir ein Spruch von Humboldt ein:

Man muss die Zukunft abwarten

und die Gegenwart genießen oder ertragen!

Die Zukunft habe ich mit bemerkenswerter Geduld und unglaublicher Blödheit abgewartet ...

... die Gegenwart versuchte ich zu genießen ... und sie zu ertragen,

bis Mademoiselle an die Tür klopfte!!

Zwei bis fünf Schübe zählte ich im Jahr und die Kosten dieser vielen Kortisonbehandlungen erfreuten die Pharmaindustrie weniger meine Krankenkasse. Auch der Friseur profitierte von meinen schubförmigen Unpässlichkeiten, da ich von Lang- und

Kurzhaarschnitt ständig hin und her wechselte. Wie langweilig doch heute ein Friseurbesuch ist!

Nach unserem dritten Beziehungsstart, denn in den Wintermonaten sind seine manisch-depressiven Höhenflüge unerträglich, und es kam zu zwei Zwangspausen von vielen Wochen in den vier Jahren, verlief es dem Anschein nach geregelt und große Pläne wurden geschmiedet. Wir wollten endlich Nägel mit Köpfen machen.

Wir gingen auf Wohnungs- bzw. Haussuche. Zuerst sollte es ein Eigentum sein, was aber von ihm schnell verworfen wurde. Ich war von Anfang an dagegen etwas zu kaufen, anscheinend funktionierte mein Restverstand dann doch noch. Wenigstens auf Sparflamme.

Zig Häuser schauten wir uns an, die entweder falsch geschnitten waren, im falschen Ortsteil lagen, bei denen der Garten nicht groß genug war, das Esszimmer zu klein für seinen Tisch (alles wurde an diesem irrsinnig langen blöden Tisch bemessen!), die Kinderzimmer winzig, die Heizung zu alt oder wo das Preis-Leistungsverhältnis nicht stimmte. Von September bis Anfang Dezember besichtigten wir viele Häuser, nicht nur die Makler waren entnervt, sondern auch ich.

Dann kamen die große Überraschung und ein erhoffter Grund für ihn, die ganze Sache auf Eis zu legen. Seine Tochter flog bei ihrem Freund raus, stand vor Papas Haus und bat um Einlass, der von Herrn B. auf unbestimmte Zeit gewährt wurde. Ich und meine Kinder wurden mal wieder vertröstet und Krach war angesagt. Endlose Diskussionen! Aber nie eine Übereinstimmung, nie eine

Lösung in Sicht. Ohnmächtig stand ich dem Ganzen gegenüber. Enttäuscht, und ratlos. Schachmatt – mal wieder!

Seinem Geburtstag in frostiger Atmosphäre folgte Weihnachten mit einem kurzen Intermezzo seinerseits bei uns. Er gewährte uns einen eiligen Besuch an Heiligabend nachmittags, um dann den Rest der Feiertage keine Zeit mehr zu haben. Am zweiten Feiertag fuhren wir zu seinem Bruder auf dessen Geburtstag, aber die Nacht verbrachte ich bei mir zu Hause. Trotz starken Schneesturms fuhr ich im Schneckentempo nach Landau, denn ich wollte auf keinen Fall mit diesem Frauenzimmer von Tochter unter einem Dach nächtigen. Seinem Bitten gegenüber, doch nicht zu fahren, blieb ich stur, zu sehr spürte ich zu diesem Zeitpunkt schon, dass er hinter unserer Beziehung und den Plänen nicht mehr stand.

Die Welt um mich herum war nicht weiß wie Schnee, sondern grau in grau und mein Herz schmerzte vor Enttäuschung und erneutem Verletzt sein. Ich konnte es nicht fassen: Nach vier Jahren des Aus- und Durchhaltens und erneuten Versprechungen von ihm schon wieder ein Abwarten auf unbestimmte Zeit?

Ich stand am Abgrund. Das endgültige Nein zum Zusammen- ziehen und Nicht-Bekennen zu unserer Beziehung sollte an Neujahr passieren. Vorher durchlebte ich einen Silvestertag, den ich in meinem Leben nie mehr vergessen sollte. Ich war psychisch im Ausnahmezustand, handlungsunfähig und innerlich zu Eis erstarrt. Am Nachmittag dieses Tages ging meine Tochter zu ihrer Silvesterparty mit Übernachtung bei ihrer Freundin und mein Sohn war ausnahmsweise bei seinem Vater. Zum Glück sahen sie mich nicht in diesem erbärmlichen Zustand!

Ich rief auf der Neurologie des Pfalzklinikums an, ob ich ambulant vorbeikommen könnte, da ich in einer schweren Depression steckte und nicht weiter wüsste. Ich wollte irgendein Medikament, egal was, das mir aus diesem rabenschwarzen Gemütszustand heraushelfen konnte. Und zwar sofort, bitte! Stationär ja, aber ambulant nein war die Antwort. Hatte ich mir ja gleich gedacht, aber probieren kann man es!

Noch hilfloser als vorher legte ich mich auf die Couch, unfähig aktiv zu werden und Silvester war mir schnurz egal. Gnädigerweise blieb Herr B. an diesem Abend bei mir und sagte bei seinen Bekannten das Abendessen ab, denn eigentlich wir waren dort zusammen eingeladen. Er sah meinen erbärmlichen Zustand, an dem er maßgeblich Schuld hatte. Ich konnte keine Menschen um mich herum ertragen, weder mich zurechtmachen, noch das Haus verlassen. Selbst seine Anwesenheit riss mich nicht aus der Lethargie. Der Kühlschrank war leer, somit musste der Chinese um die Ecke herhalten. Der Alptraum begann und der `Todesstoß` ließ nicht lange auf sich warten.

Neujahr 2010: Unvergesslich ...

... Mademoiselle stand lauernd und grinsend um die Ecke!

Beim Spaziergang nach einem Small Talk erzählte mir Herr B., dass er für sich alleine einen Bauplatz gekauft hätte in einem kleinen Dorf mitten in der Pampa. Die Bombe war geplatzt!

In meinem Gehirn wurde das Notaggregat eingeschaltet, um noch zu atmen und zu gehen. Das Denken war außer Kraft gesetzt. Die Reizweiterleitung gekappt und die Synapsen spielten nach ihren Regeln: Depressionsalarm in Stufe rot - Mademoiselle wurde benachrichtigt! Dieses feine Fräulein musste aber noch schnell ihre Koffer packen, um für einen langen Urlaub bei mir gerüstet zu sein.

Rücksichtslos und eiskalt, erdreistete sich Herr B. mir anzubieten, dass wir dennoch zu ihm ziehen könnten oder, wenn mir das zum jetzigen Zeitpunkt nicht möglich wäre, dann eben später, wenn meine Kinder aus dem Haus seien. Ich war fassungslos! Erstens wusste er, dass ich meine Kinder nie in dieses kleine, weit abgelegene Dorf verpflanzen und sie niemals zu einem Schulwechsel zwingen würde. Aber auch ich selbst, würde in kein kleines Dorf am Ende der Welt ziehen. Denn Mobilität, Ärzte und Einkaufsmöglichkeiten vor Ort, ebenso ein reiches Freizeitangebot waren bzw. sind mir sehr wichtig, da ich mit meiner Erkrankung auf die Angebote einer Stadt oder Kleinstadt angewiesen bin. Außerdem käme so ein verschlafenes Nest irgendwo in der Hinterpfalz für mich überhaupt nicht in Frage, da würde mich auch der weite Blick über eine Wiese direkt in den Wald nicht vom Hocker reißen

Er hatte alles gut geplant, taktisch klug seine Worte gewählt und machte vor keinem emotionalen Verlust halt. Eiskalt, berechnend, egoistisch - und wenn ich heute an diese Szene denke, er fühlte sich beflügelt von seinen neuen Plänen und gab mir zu verstehen, dass er sich auf dieses neue Jahr mit neuen Zukunftsplänen freute. Auf mich verzichten wollte er auf keinen Fall, war ich doch ein liebgewonnenes Anhängsel, das in brenzligen Situationen stets zur Stelle war und für unzählige Annehmlichkeiten im Leben sorgte.

Leider erwartete mich Mademoiselle zu Hause an der Wohnungstür. Zwei riesengroße Koffer und etliche Hutschachteln hatte sie dabei, die ich aber vor lauter Tränen und zugenageltem Kopf nicht sah. Damals wusste ich es noch nicht: Bat ich sie erst einmal in meine Wohnung, würde ich ihr nicht so schnell kündigen können. Denn bei Einjahresverträgen müssen bei vorzeitigen Kündigungen Ersatz-mitbewohner oder ein ärztliches Attest über die Fähigkeit einer alleinigen Wohnungsnutzung nachgewiesen werden.

Die Wohngemeinschaft mit Mademoiselle war gegründet!

Herr B. kaufte seinen Bauplatz, ging zum Notar und plante nächtelang sein neues Haus. Die Wochen von Januar bis Anfang Februar verbrachte er manisch und voller Ideen in seinem Haus, kaum ein Anruf oder ein Treffen mit ihm waren möglich.

Nun, wer will auch schon mit solch einer trüben Tasse wie mir im damaligen Zustand zusammen sein! Seine depressive Phase war abgeschüttelt und die manischen Höhenflüge beflügelten ihn. Er hatte ein Ziel und Pläne und ich Anhängsel war auf Standby gesetzt. Herr B. hatte es wieder einmal geschafft, mich in die Warteschleife zu bugsieren. Ich konnte nicht handeln, war wie gelähmt und abgerutscht in ein schwarzes Loch. Den Rand des Abgrunds sah ich nicht mehr, so tief saß ich am Boden, machtlos und erschöpft. Die Welt um mich herum versank ins Schwarze.

Mademoiselle genoss die Situation in vollen Zügen. War sie wohl verwandt mit Herrn B.? Wenn der Wecker morgens klingelte,

58

flüsterte sie mir ins Ohr, dass ich doch liegen bleiben sollte, denn ich wäre doch eh überflüssig auf dieser Welt und meine Zukunft auch nicht gerade rosig. Dieses Miststück machte mir das Aufstehen nicht gerade leicht und auch die Morgenstunden mit ihr an der Seite waren fürchterlich. Aber heute weiß ich, dass sie mich spüren lassen wollte, dass ich etwas an der Situation ändern musste.

Ich sollte meinen eigenen Weg ohne Herrn B. gehen und meine eigenen Ziele verfolgen. Nur ich alleine konnte dies tun, sie stand bloß daneben und hielt mir ab und zu Moralpredigten.

Aber das nette Fräulein schaffte es doch, dass ich das Minimum im Haushalt erledigte und mich nicht ganz vernachlässigte. Wenn ich an diesem Punkt angelangt war, fragte ich mich, was habe ich nur meinen Kindern angetan? Und seither immer und immer wieder. Sie haben beide gespürt, dass es mir sehr schlecht ging. Auch waren sie zutiefst enttäuscht von Herrn B. und darüber, dass wir kein Haus kaufen würden und ein Umzug in weite Ferne gerückt war. Unsicherheit breitete sich auch bei ihnen aus. Das ständige Hin und Her unserer Treffen und den unregelmäßigen Kommunikationsfluss waren sie gewöhnt, aber die Zukunftsaussichten gerieten auch für meine beiden Kinder ins Schwanken.

Umso mehr freute sich seine Tochter, die mich mit einem spür-baren Lächeln am Telefon begrüßte. Hatte sie es nun wieder einmal geschafft, Recht zu behalten, was unsere Beziehung anging. Aber dieses Mal war auch dies mir einerlei. Irgendwo hoffte ich auf eine Gerechtigkeit und wünschte ihr die Pest an den Hals.

Mademoiselle hielt mir den Spiegel vors Gesicht und schimpfte mit mir an einem Tag im April:

„Stell dich nicht so an, du siehst erbärmlich aus! Nimm dein Leben wieder selbst in die Hand, dann wird es dir bessergehen!"

Diese doofe Nuss hatte ja gut reden! Wenn die gewusst hätte, wie mies ich mich fühlte.

Na gut, einen Schritt konnte ich ja wagen und durch das Seminar bei Pater Anselm Grün im Kloster schaffte ich es sogar, meine Gehirnzellen wieder zum Denken anzuregen. In einem persönlichen Gespräch mit dem Pater an diesem Wochenende Ende April sagte er mir, dass ich loslassen müsste, Situationen und Menschen, die mir nicht guttäten. Wenn dies nur so einfach wäre, entgegnete ich, aber seine Antwort war dieselbe wie zuvor. Wenn ich bei Menschen verharre, die es mit mir nicht gut meinen, die mich nicht achten und mich nicht so nehmen, wie ich bin, die meine Liebe nicht schätzen und mir ihre Meinung aufdrängen, sollte ich lernen, loszulassen! Ich sollte auf Abstand gehen und Kontakte, die überflüssig seien, minimieren.

Da stand ich nach dem Gespräch alleine im Klostergang und ich hörte schon Mademoiselles Worte zu Hause: „Hab ich dir doch gleich gesagt! Dafür hättest du kein Geld ausgeben müssen." und ihr arrogantes Lachen. Denn man muss wissen, schwarze Fräuleins müssen vor einem Kloster warten und bei bayrischen Klöstern haben sie eh Einreiseverbot in den Freistaat.

Aber ich erzählte ihr alles brühwarm, als ich nach Hause kam. Schließlich musste ich notgedrungen mit ihr arbeiten und leben, damit ich sie irgendwann wieder loswerden konnte. Nach dem Motto: „Augen zu und durch."

Jeden Tag stritt ich mich mit meiner schwarzen Mitbewohnerin, denn diese schwarzen Fummel, die sie anhatte, nervten mich. Sie lagen verstreut im Zimmer. Ich liebte zwar auch die Farbe Schwarz, aber wenigstens ließ ich in dieser Zeit auch noch die Farben Weiß, Grau, Braun und Hellblau zu. Dass nicht Schwarz allein galt, war mein kleiner Erfolg. Ihre roten Lippenstifte lagen überall herum und ohne ihren schwarzen Hut ging sie nie aus dem Haus. Zum Glück konnte nur ich sie sehen. Sie hätte mich zum Gespött in der Stadt und bei meinen Freunden gemacht.

Herr B. näherte sich mir nach seiner manischen Planungsphase wieder und spielte den Einfühlsamen und Liebenswürdigen. Ich traute ihm aber nicht mehr, hinterfragte viele seiner Äußerungen und lag auf der Lauer.

Sein Haus fand im April einen Käufer und er zog in eine wunderschöne große Wohnung in unserer Stadt. Urplötzlich konnten auch seine Kinder auf eigenen Beinen stehen. Blöd wie ich war, mit Betonung auf „war", damals begehrte ich nur zaghaft auf.

Ich half, seine Wohnung einzurichten mit dem Hintergedanken, wenn ich irgendwann nicht mehr mit ihm zusammen bin, sollten die meisten Dinge ihn an mich erinnern. Bei seiner neuen Bettwäsche und Handtüchern würde ich seiner Neuen gerne sagen: „Na, wie gefällt es dir, in den Dingen zu schlafen und sich mit ihnen abzutrocknen, die ich ausgesucht habe?" Leider würde es dazu nicht kommen, denn in eine solche Situation würde ich mich niemals begeben. Etwas Stolz habe nun doch noch!

Aber allein der Gedanke erfüllt mich mit Genugtuung und Herr B. - der wird sich auf jeden Fall daran erinnern! Jede Lampe, jeder Teppich, jedes Handtuch und Bild und vieles mehr, trägt meinen Stempel. Er wird all die Dinge in sein neues Haus mitnehmen und beim Aufhängen und Einrichten an unsere gemeinsamen Einkäufe denken müssen. Einen Haken hat die ganze Sache allerdings. Wir werden nicht mehr zusammen sein und das - das tut immer noch so verdammt weh!

Mademoiselle schaut mir über die Schulter und schüttelt den Kopf. „Hast du immer noch nichts dazu gelernt?" fragt sie mich. Ich ziehe den Kopf ein, denn sie hat absolut Recht.

„Ich weiß, liebes Fräulein, ich muss loslassen, auch wenn es weh tut, aber ich bin noch nicht soweit!", erwiderte ich mit Piepsstimme.

Ende Mai buchte ich für Oktober einen Flug nach Wien, um endlich Andrea kennenzulernen. Sie kaufte mein erstes Buch im Ausland und wir mailten uns fast täglich. Wieder hatte ich in meiner Zukunft ein Ziel! Ohne Herrn B. ich machte die ersten Pläne ohne ihn.

Meine Depression schwankte von Tag zu Tag, aber die Antidepressiva und Psychotherapie gaben mir einen Rahmen, um den Alltag erträglicher zu machen.

Nach meiner Wienreise wollte Herr B. mit uns oder mit mir alleine Urlaub buchen. Ich lehnte ab mit der klaren Ansage, nie mehr mit ihm mehrere Tage fort zu fahren. Denn der Horrorurlaub im letzten Jahr auf Mallorca steckte mir noch in den Knochen. Stattdessen buchte ich mit meinem Sohn zehn Tage Mallorca allein ohne Herrn B. was keine Begeisterung bei ihm auslöste. Aber wer andere eine Grube gräbt, fällt selbst hinein. Das schwarze Fräulein grinste verschwörerisch.

Mein wahrer Grund war, dass ich mich von ihm trennen wollte. Die Verletzungen saßen tief und ich wusste einfach nicht mehr, ob er mich noch liebte, warum er mich brauchte und wie es im damaligen Stadium weitergehen sollte.

Mademoiselle klopfte mir auf die Schultern und lobte mich. Und das aus ihrem Munde! Wenn ich weiter so an mir arbeiten würde, könne sie sich an einen Auszug in den nächsten Wochen bei mir gewöhnen. Denn so langsam sei es ihr auch zu eng in unserer Drei-Zimmer-Wohnung. Meine Couch wäre zwar bequem, aber ihr eigenes Bett wäre ihr doch lieber.

Aber ungebetene Gäste bleiben oft doch länger und es sollten noch Monate vergehen, bis ich sie endlich verabschieden konnte.

Ich distanzierte mich von Herrn B., eher kläglich und ohne Überzeugung. **Aber dann ließ ich im Juli, zwei Wochen vor unserem geplanten Urlaub auf Mallorca, die Bombe platzen.**

Bei einem Abendessen Tage vorher bedrängte er mich, er möchte unbedingt mit zu meiner Therapeutin, denn er hätte ein ungutes

63

Gefühl, was ihre fachlichen Kompetenzen anging. Welch ein Idiot! Aber typisch für ihn, sich über alles und jeden zu stellen!

Als ich Tage später meine Therapeutin konsultiere, berichtete sie mir von zwei Briefen von ihm. Er zweifelte nicht nur ihre Kompetenz an, auch mein psychisches Verhalten wurde unter die Lupe genommen. Gelesen habe ich die Briefe nie, denn dazu war sie nicht befugt, aber geglaubt habe ich ihr jedes Wort. Wo gehobelt wird fallen Späne. Mademoiselle holte mich nach der Therapie ab und wir fuhren mit überhöhter Geschwindigkeit nach Hause. Bis zum Abend hatte sie mich überzeugt!

Das Resultat meiner Kurzschlusshandlung und dem Dialog am Nachmittag mit Mamsell war dann, dass ich beim abendlichen Telefonat mit Herrn B. die Beziehung mit ihm beendete. Nicht aus Überzeugung oder weil ich ihn nicht mehr liebte, aber ich war an einem Punkt angelangt, an dem ich psychisch und physisch nicht mehr konnte. Die Briefe hatten das Fass zum Überlaufen gebracht. Er bat mich um ein persönliches Gespräch, das ich zusagte, das er aber nicht mehr suchte. Sein Absturz war nun vorprogrammiert.

Warum ging er damals nicht auf mich zu? Innerlich schrie ich nach ihm, betete, dass er zu mir kommen sollte ... Ich hatte ihn schachmatt gesetzt, unfähig zu handeln, und das Telefon schwieg. Er war in manisch aggressiver Stimmung.

Zwei Droh-Mails waren die Folge, die es mir damals nicht ermöglichte, auf ihn zuzugehen. Ich hatte Angst vor ihm. Und doch vermisste ich ihn bis in die letzten Fasern meines Körpers.

Meine Seele litt wie seine. Jeder für sich und beide waren wir unfähig, aufeinander zuzugehen.

Mademoiselle lachte sich schier krank und meckerte an mir herum. Sie hatte Recht, denn eigentlich stand ich nicht hinter meinem Entschluss, und das wusste sie genau. Sie kennt mich doch eben am besten und malte mir die Beziehung mit Herrn B. in den dunkelsten Farben aus. Sie thronte in meinem Wohnzimmer wie die Prinzessin auf der Erbse höchstpersönlich und ihr Lachen über meine Unzulänglichkeit begleitete mich durch den Tag.

Hätte ich damals die Kraft gehabt, hätte ich sie samt der Depression, ihren Koffern und ihrem schwarzen Hut hinausgeworfen. **Doch die trüben Gedanken, die Einsamkeit und der Schmerz krochen auf leisen Sohlen zurück.**

Den Urlaub auf Mallorca, an den sich zum Glück eine Freundin und ihre Tochter noch kurzfristig anschlossen, genoss ich zum Teil, aber meine Gedanken waren bei ihm, besonders nachts, wenn alle schliefen und mich nichts ablenkte.

Wenige Tage nach unserem Urlaub traf ich per Zufall Herrn B. in einem Café und anstatt vorbei zu gehen, fragte ich ihn, ob ich mich zu ihm setzen dürfte. Eher widerstrebend willigte er ein. Ich wollte die Missverständnisse ausräumen, die zwischen uns standen und mich sehr belasteten und beschäftigten. Ohne wirklich etwas zu klären, trennten wir uns an diesem Mittag, wenn auch freundlicher im Umgang miteinander. Wir konnten beide nicht leugnen, dass unser Verhältnis noch nicht wirklich beendet war. Von diesem Tag an trafen wir uns heimlich. Doch ohne Zukunftsperspektive dauerte es keine zwei Monate, bis dieses Mal von ihm ausgehend eine Mail kam, dass er keinen Kontakt mehr mit mir wünschte.

Mademoiselle saß mit am PC, als ich die Nachricht las und lachte sich schier krumm.

„Wie dumm kann man nur sein, jetzt hat er dich mal dran bekommen. Die Sache ist so verkorkst, das konnte doch nicht gut gehen. Ihr verletzt euch beide ständig, statt jemals einen richtigen Neustart gewagt zu haben. Jetzt hast du deine Quittung! Vergiss es endlich!"

Bitterliche Tränen weinte ich und Mademoiselle legte tröstend ihre Arme um mich. **Jetzt war es endgültig vorbei ...**

Ein paar Wochen nach unserem Urlaub Anfang September hatte ich einen aufgesetzten Schub, bestehende MS-Symptome verschlechterten sich und ich kam fünf Tage in die Klinik, um eine Kortisonstoßtherapie zu bekommen.

Mademoiselle begleitete mich und schlug erneut zu. Sie hatte sich ein Zusatzbett in mein Krankenzimmer stellen lassen. Hammerähnlich wie Ende letzten Jahres kehrte meine Depression zurück. Meine Seele weinte erneut. Die Welt um mich herum war in Schwarz getaucht, Gedanken an den Tod machten sich breit und der Verlust des Menschen, dem ich so lange geglaubt hatte, nahm mir jedes rationale Denken.

„Du hast es wohl immer noch nicht gelernt?" gab sie lapidar von sich.

„Was soll ich denn immerzu lernen?" war meine Antwort. Ich wusste genau, was sie meinte. Es ging nicht nach meinem Kopf und ohne zu denken, veranstaltete ich diesen Eiertanz. Er hatte die

Beziehung beendet, um sich wenige Wochen danach noch einmal erneut mit mir zu treffen.

„Ja, ja, du doofe Nuss, du bist nicht besser als ich", schleuderte ich ihr entgegen. Aber eigentlich wollte ich nur ablenken von meiner eigenen Unzulänglichkeit. Sie hatte ja Recht und das gab mir die große Dame mit einem gehässigen Grinsen zu verstehen.

Mein ganzes Denken drehte sich um den entscheidenden Neujahrstag unserer großen Aussprache. Immer wieder erlebte ich die Stunden, in denen er von seinen Plänen eines eigenen Hauses ohne uns gesprochen hatte, einschließlich all den enttäuschenden Monaten, die diesem Abend vorangegangen waren. Nicht genug damit, machte ich mir auch noch schreckliche Vorwürfe. War meine Reaktion damals doch falsch gewesen? War ich einfach zu unnachgiebig und stur gewesen? Wenn ich ehrlich bin, gebe ich zu, dass ich die Zeit oft genug hatte zurückdrehen wollen.

Mademoiselle lachte gehässig: „Dein Verhalten wird dir noch das Genick brechen. Bis jetzt hast du noch immer die Kurve bekommen, aber bei dieser Beziehung und mit diesem Mann hast du dich verrannt! Selbst schuld! Leiden ist jetzt angesagt und der Schub ist der Beweis dafür."

„Du dumme Ziege! Hilf mir lieber, als mich zu beschimpfen!"

„Nein, du musst dir schon selbst helfen. Den Spiegel halte ich dir gerne vor, aber die „Schwerarbeit" musst du schon selbst machen."

Die alte Schachtel hatte ja Recht. Aber wer gibt das schon gerne zu?!

Aus der Klinik entlassen, stand ich unschlüssig zu Hause in der Küche, Mademoiselle lag auf meiner Couch und schnarchte. Im Notbett in der Klinik hatte sie kaum geschlafen, jede Sprungfeder spürte sie und hatte dementsprechend schlechte Laune.

Sterben wäre jetzt schöner. Endlich nicht mehr denken und fühlen. Diese Gedanken gingen mir durch den Kopf.

Ich bekam das dritte Antidepressivum und abends dröhnte ich mir eine halbe Schlaftablette rein. Handlungsunfähig und desinteressiert wie zu Beginn des Jahres. Einmal die Woche besuchte ich meine Therapeutin, denn eine Aufnahme in eine psychosomatische Klinik lehnten meine Eltern ab. Die Betreuung der Kinder für zwei Wochen war ihnen zu viel und für meinen Vater sind Psychologen und solche Kliniken eh suspekt. Na ja, er hatte ja auch noch nie eine Depression und ist ein kerngesunder Mensch!

Meine Gehirnzellen arbeiteten auf Sparflamme. Aber irgendwie schaffte ich es noch, die letzten Ressourcen und Hilfsstrategien, die ich in der Therapie gelernt hatte, zu mobilisieren.

Mademoiselle war zufrieden mit mir und kochte Kaffee.

Wenn ich nicht sterben wollte, konnte und durfte, musste ich mir ein Ziel setzen. In sechs Wochen wollte ich nach Wien fliegen und wenn ich mich nicht bald am Riemen reißen würde, ginge der Flieger ohne mich in die Lüfte. Außerdem musste auch der Alltag wenigstens in kleinen Schritten bewältigt werden.

So, nun hatte ich zwei Ziele und konnte endlich Kaffee trinken mit meinem ungebetenen Fräulein.

Die Zeit konnte ich nicht mehr zurückdrehen und dies lähmte mich oft in den kommenden Wochen bis Wien. Und wenn ich ehrlich bin, heute noch. Immer wieder gehe ich die Jahre und gewisse Lebenssituationen durch. Da zu viel gefordert, da zu wenig nachgedacht und zu schnell gehandelt, hier mehr Engagement einsetzen sollen...

Fazit ist und bleibt: Mit dem Kopf durch die Wand! Die Wunden anderer Fehlentscheidungen leckten andere für mich, nur dieses Mal war ich es selber.

„Habe ich es dir nicht von Anfang an gesagt!" kam es vom anderen Zimmer: „Aber Selbsterkenntnis ist der beste Weg zur Besserung."

Die nervt, aber treffend auf den Punkt gebracht. Ich musste mir dies kleinlaut eingestehen.

„Wach endlich auf und arbeite an dir. Keiner ist perfekt. Aber du suchst ja ständig nach Anerkennung und neuen Aufgaben. Bringe Ruhe in dein Leben, dann läuft es auch besser. Oder ist solch ein Leben dir etwa zu langweilig?"

„Ich bin doch noch keine achtzig und der Sargdeckel klappt noch lange nicht zu", gab ich mürrisch zur Antwort.

Die Grande Dame verließ entrüstet das Zimmer.

Schon immer suchte ich nach neuen Aufgaben. War die eine erledigt, wurde das nächste Projekt angepackt. Auch mit meinem Helfersyndrom fühlte ich mich pudelwohl. Eigentlich.

Auf der einen Seite fand ich, sollte sich doch jemand rund um die Uhr mal um mich kümmern. Wenn auf der anderen Seite nicht das „Aber" wäre. Denn konnte ich überhaupt bedingungslose Hilfe annehmen? Eher nicht. Warum nicht, das musste mir einer mal erklären. Da waren Fachleute gefragt und nicht die Mamsell vom Nebenzimmer. Die lag schon wieder in den Startlöchern, denn das Rotieren meiner Gehirnzellen drang bis zu ihr. Diesen Sieg gönnte ich ihr nicht.

Diese Wochen von Ende August bis Anfang Oktober lagen im Nebel. Ich weiß kaum etwas zu berichten, außer dass Mademoiselle schon morgens an meinem Bett saß und wenn der Wecker klingelte, riss sie mir die Bettdecke weg.

So lahm und desinteressiert wie ich aus dem Bett kroch, schlich ich durch den Tag. Ein erbarmungsloser Anblick.

Ich ging ab September nicht mehr zum Rehasport, denn bei den leichtesten Übungen wurde es mir übel. Die Seele litt und mein Körper begab sich in einen Warnstreik. Nach dem aufgesetzten Schub zwei Monate vorher, bildeten sich die Symptome nur dezent zurück.

An einem Montag im Oktober packte ich meinen viel zu großen Koffer für vier Tage Wien.

70

Ich konnte mich nicht entscheiden, was ich an Kleidung mitnehmen sollte, also rückte ich in Wien mit Umzugsansprüchen bezüglich Koffer an. Panik nicht nur wegen den Klamotten, auch die Fahrt zum Flughafen und wegen meiner Klaustrophobie ins Flugzeug zu steigen, lösten Angstzustände aus.

„Du kommst als seelisches und körperliches Wrack dort an, wenn du dich nicht mal für ein paar Stunden zusammennehmen kannst!" redete ich mir selbst gut zu. Und Mamsell nickte nur bejahend.

Das schwarze Fräulein durfte nicht mit, aber umso boshafter verabschiedete sie sich von mir: „Ich erwarte dich zu Hause, wir sind noch lange nicht fertig miteinander!"

Pah, habe ich es gut, die Ziege sollte doch daheim schmoren und ich machte mir vier tolle Tage in Wien.

Meine Freundin fing mich nicht nur mit ihren Armen am Wiener Airport auf, auch mental und emotional kam ich gestärkt zurück. Ein straffes Sightseeing-Programm stellten wir uns zusammen, aber der Spaß, die vielen Gespräche und Kaffeehäuser kamen nicht zu kurz.

Ich fühlte mich frei wie ein Vogel in dieser Stadt, beflügelt, ein neues Leben anzufangen. Die Welt lag mir zu Füßen und eine rosige Zukunft gehörte mir. Einen Augenblick lang dachte ich an Herrn B., dass es auch mit ihm ein Erlebnis gewesen wäre, Wien zu entdecken. Aber die Erinnerungen an unseren letzten Urlaub bugsierten mich schnell in die Realität zurück.

Zu Hause empfing mich nicht nur eine Grande Dame auf meiner Couch, die Welt schimmerte dieses Mal in Grau, weniger in Schwarz und der Nebel war verschwunden.

Gestärkt begann ich, am zweiten Buch weiterzuschreiben. Wie ich nun einmal bin, nicht mit Gelassenheit und entspannt, ich trieb mich jede Nacht an. Wer meine Bücher gelesen hat, weiß vom Inhalt, dass ich nur nachts, so ab 22.00 Uhr schreibe. Wenn die Ruhe in der Wohnung einkehrt und die Kinder und das ganze Haus schlafen. Solch eine Ruhe finde ich am Tag nicht. Es klingelt ab und zu das Telefon, ein Termin jagt den nächsten und die Geräusche von draußen stören mich einfach. Nicht gerade förderlich für meine Gesundheit, aber es ist nun mal so. Auch Mademoiselle schläft dann und ich bin sie für ein paar Stunden los.

Im November bekam ich eine unerwartete SMS von Herrn B., ein sehr naher Familienangehöriger war verstorben. Von diesem hatte ich mich schon Monate vorher verabschiedet, da er sehr schwer krank war und keiner wusste, wie lange er leben würde. Traurig rief ich bei Herrn B. an, ein kurzes Gespräch zwischen uns und ich hatte das Gefühl, er war froh, dass ich angerufen hatte. Die Tage danach zwei Telefonate, während denen er mir den Termin für die Beerdigung mitteilte. Ich weiß nicht, ob man es Schicksal oder widrige Umstände nennen kann, ich bekam eine Grippe und hatte Fieber am Tag der Beerdigung. Draußen lag Schnee und die Straßen waren nicht überall geräumt. Ich legte mich ins Bett und verschlief die Trauerfeier. Ich hatte mal wieder versagt und die Quittung erhielt ich umgehend von ihm.

Die große Trösterin stand an meiner Seite und sprach zu mir: „Du darfst nicht traurig sein und du hast schon gar nicht versagt. Jeder kann mal krank werden. War vielleicht besser für dich und alle Beteiligten, dass du nicht hingegangen bist." Aber abnehmen konnte ich es ihr nicht, ich fühlte mich grottenschlecht. Ich schrieb seiner Mutter und Schwägerin jeweils einen Brief, aber ein bitterer Beigeschmack blieb.

Egal, wann und wo ich Herrn B. traf, ignorierte er mich oder verließ die Kneipe. Ich redete mir zum damaligen Zeitpunkt ein, dass es so besser wäre. Meine schwarze Mitbewohnerin kicherte im Hintergrund, da sie mir kein Wort abnahm. Sie hatte Recht, aber darüber sprach ich nicht mit ihr. Unser verbaler Austausch war dürftig, sie verhielt sich verhalten und beobachtete mich heimlich.

In dieser Zeit verdrängte ich jede Gemütsregung, Hauptsache einigermaßen Weihnachten und die Schreiberei überstehen. Ich ging auf dem Zahnfleisch, was mein Buch anging, denn jede Nacht zu schreiben, kostete mich enorme körperliche Kraft. Erschöpft schleppte ich mich durch die Tage und Wochen.

Der Silvestermorgen verlief friedlich, doch gegen Mittag bekam ich eine Panikattacke, die nur mit einem Beruhigungsmittel in den Griff zu bekommen war. Mademoiselle reichte mir die Packung freiwillig. Die Erinnerung an die Angst des letzten Jahres und der Schmerz schlugen mit voller Wucht zu. Irgendwie überstand ich den Silvesterabend, aber kurz vor Mitternacht zog ich mich ein paar Minuten alleine zurück, erst danach konnte ich den anwesenden Freunden ein gutes Neues Jahr wünschen.

Anfang Januar vollendete ich mein zweites Buch, restlos erschöpft und mental ausgelaugt. Kein Glücksgefühl regte sich in mir, nur die Gewissheit, dass nun die Schufterei vorbei war.

Ich war innerlich vollkommen leer und die Grande Dame lauerte ...

Schneekristalle sinken, schmelzen und verschwinden

Kälte kriecht an mir hoch

Sucht nach meinem erstarrten Herzen

Greift nach mir

Sucht nach meiner Hand

Hält sie fest

Bin erlöst

und doch gefangen.

C. Régnard-Mayer

Mademoiselle klopfte an die Tür, sie hatte ihren Haustürschlüssel vergessen. Hätte ich durch den Spion geschaut, wäre ich sie los gewesen. So dumm konnte nur ich sein, vor lauter Selbstmitleid zerfloss ich regelrecht.

Niederträchtig schlug Madame zu: „Ich werde so lange bei dir wohnen und an deine Tür klopfen, bis du es kapiert hast! Höre auf, dich in Arbeit zu stürzen, und gehe wieder unter Menschen."

Muffig murmelte ich ein paar Worte, sollte sie mich doch wenigstens für heute zufriedenlassen. Nix, sie ließ nicht locker.

Nun überlegte ich, was ich schon lange einmal machen wollte, aber wozu ich noch nie Zeit hatte. Die hatte ich ja wegen „Schreib-Arbeitslosigkeit" jetzt genügend.

„Einen Malkurs! Ich wollte schon immer malen lernen."

„Dann ab ans Telefon, die Adresse kennst du. Deine Freundin besucht ihn regelmäßig sie ist eben nicht so langweilig wie Du!"

Das saß mal wieder, langweilig... nannte die Zicke mich. Der werde ich es zeigen und ruck zuck war ich für den Malkurs ab Februar angemeldet.

„Denke auch über euren Sommerurlaub nach, denn wenn deine Reha nicht genehmigt wird, kannst du im Sommer wirklich den Sargdeckel zuklappen!"

Heute gab sie es mir aber mächtig! Um das klebrige Anhängsel in den nächsten Wochen los zu werden, googelte ich mir die Finger wund und buchte dann doch dasselbe Hotel inkl. Flug nach Mallorca wie letztes Jahr. Ich konnte kein Risiko eingehen, eventuell das falsche Land oder ein mittelmäßiges Hotel zu buchen, denn innerlich machte sich Panik breit, die mit der Wahl eines vertrauten Hotels am besten in den Griff zu bekommen war.

Die Wochen krochen dahin und ich ebenfalls, wenn man es überhaupt so nennen konnte.

Mademoiselle stand irgendwann vor mir, während ich eine kreative Putzphase hatte, und zeigte mir die Bücher, die sie während meiner verhassten Hausarbeitsverrichtung gelesen hatte.

„Genau das, was in diesen Büchern steht, versuche ich dir schon seit Monaten begreiflich zu machen. Aber auf mich hört ja wieder keiner!" schmollte sie.

Ich schaltete die Kaffeemaschine an, denn erstens hatte ich keine Lust mehr zu putzen und zweitens wollte ich es mir mit meiner Mitbewohnerin nicht verscherzen.

„Nun sprich holdes Weib, bin ganz Ohr für deine neuesten Erkenntnisse."

„Pah, über deine Überheblichkeit stolperst du irgendwann noch einmal ... Du hast doch die ganzen Bücher selbst gelesen und nichts behalten? Also werde ich dir mal schnell eine Zusammenfassung liefern!"

Überschwänglich, theatralisch begann sie zu reden: „Sag dir ab und zu: Ich bin ich. Und das ist gut so, wie ich bin. Ich tue das, was für mich stimmt! (Auszüge aus dem Buch: Das Buch der Lebenskunst von Anselm Grün) Weiter schreibt dieser Pater: Wir sollen nicht von allem weglaufen, wir können es nicht abschütteln und sollen es nicht bewerten, sondern es ist, wie es ist. Wir sollen uns damit aussöhnen. Was wir in uns so ablehnen, gehört zu uns. Wir alle haben Schattenseiten in uns. Wehre dich nicht, sondern stehe zu dir, zu deinen Schwächen. Spiele keine Machtkämpfe gegen Menschen, die deine hilflose Seite ansprechen, sondern setze deine Aggression ein, um dich zu wehren, damit die Angriffe des anderen dich nicht verletzen."

„Verstehst du, was ich dir hiermit sagen will?" und sie nippte an ihrem Espresso.

Hier spielte sich eine Lehrstunde der feinsten Sorte ab und Mademoiselle überraschte mich doch mit ihrem Spürsinn. Sie hatte

Recht, dass man nicht vor sich selbst davonlaufen konnte, weder vor seiner Sonnen- und noch weniger vor der Schattenseite. Aber irgendwie war ich noch nicht so weit, ich lief immer noch vor mir selbst davon, denn die Angst vor der Auseinandersetzung mit mir selbst, lähmte mich. Ich spielte imaginäre Machtkämpfe mit Herrn B. und verletzte mich ständig selbst. Aggressiv war ich nur gegen mich selbst, statt einmal mit der Axt durch dieses Minenfeld zu schlagen.

„Liebes Tantchen, ich verstehe dich, aber ich bin einfach noch nicht soweit, ich leide, ich vermisse ihn so sehr ... ich fühle mich so schuldig, gerne würde ich die Zeit zurückdrehen ...“

„Kindchen, dir ist wirklich nicht zu helfen, aber ich gebe nicht auf und die nächsten Tage bekommst du die nächste Lektion. Basta. **Friss oder stirb!**“

Zack, die konnte wirklich mit der Axt zuschlagen, da konnte ich mir eine Scheibe abschneiden! Das schwarze Fräulein meinte es ja nur gut mit mir und ich bewunderte ihre riesengroße Geduld. Ich hätte sicher die Flinte schon längst ins Korn geworfen, denn Geduld ist nicht gerade meine größte Stärke. Lieber gehe ich den bequemeren Weg und entziehe mich den Konflikten in meinem Leben. Ha! Hier war der Schlüssel meines Erfolgs! Der Knackpunkt! Ich sollte doch lernen, geduldiger zu werden und zu mir zu stehen, meine Ansichten darzulegen, aber nicht in eine Rechtfertigung zu gehen.

Uff, viel für einen Vormittag. Jetzt war erst mal Siesta angesagt. Augen zu und eine Runde Mittagsschlaf. Auch die schwarz gekleidete Lehrerin schnarchte nebenan.

Die Ablehnung meiner Reha lag im Briefkasten. Die BFA war der Meinung, wenn schon erwerbsunfähig und berentet, dann sollte ich mich schließlich zu Hause erholen. Ich hätte heulen können und selbst meine Mitbewohnerin, die heute in Schwarzgrau gekleidet war, hatte Mitleid mit mir. Vor lauter Verzweiflung und Angst, die nächsten Wochen psychisch und physisch nicht zu überstehen, rief ich meine Krankenkasse an, um der Sachbearbeiterin mein Leid zu klagen, und weinte mich nun bei ihr aus. Verständnisvoll versprach sie mir zu helfen und schickte mir umgehend die nötigen Anträge zur Rehabilitationsmaßnahme.

Stolz war nun auch mein Fräulein auf mich, dass ich handelte und nicht mehr in Selbstmitleid zerfloss. Zur Feier des Tages steckte sie sich eine Rose ans Revers. Komische Nudel, erst die Veränderung ihrer Kleidung, die ich jetzt erst bemerkte und dann noch die Sache mit der Blume.

Drei Wochen später war die Reha genehmigt, aber die Kinderbetreuung noch nicht. Während ich mir den Kopf zerbrach, klingelte es an der Haustür. Die graue Dame saß mit mir am Küchentisch. Wir schauten uns fragend an.

Das konnte nur die Familienhelferin sein, denn durch einen erneuten Schub wurde mir eine Hilfe von der Krankenkasse bewilligt. Ein Engel trat durch die Tür. Ihr Name war Anna. Ich warf Mademoiselle einen schrägen Blick zu. Sollte sie sich doch jetzt einmal ein Beispiel nehmen! Sie streckte mir die Zunge raus, auch egal!

Anna, meine Familienhelferin, studierte hier vor Ort und verdiente sich bei der Lebenshilfe ihr Zubrot. Sie war nun meine Lebenshilfe bzw. Lebensretterin!

Ich fragte sie gleich am zweiten Tag, nachdem ich sie heimlich beobachtete hatte, ob sie meine beiden Liebsten drei Wochen rund um die Uhr bekochen, versorgen und beaufsichtigen würde, sprich, meinen Job als Mutter und Hauswirtschafterin übernehmen würde. Klar doch, war ihre Antwort und schnellstens beantragte ich bei der Kasse die Familienhilfe für drei Wochen, während ich in der Reha wäre.

Nach endlosem Ausfüllen der nötigen Papiere und unzähligen Telefonaten einmal mit der Kasse und dann wieder mit der Lebenshilfe und umgekehrt, konnte ich einen Termin für den 11.04.11 in der Reha-Klinik in Bad Wildbad ausmachen.

Mademoiselle, dieses Mal mit grauweiß gestreifter Bluse, aber schwarzem Rock und Hut, und ich tanzten Rock`n`Roll im Wohnzimmer. Leicht wie eine Feder hüpfte die alte Dame durch den Raum. War ich happy! Endlich Erholung - endlich den Alltag hinter mir lassen. Schwerer fiel es mir wegen der Kinder. Ein schlechtes Gewissen machte sich breit, aber Tantchen wischte die Gedanken beiseite: „Wenn du zusammenbrichst - und da bist du kurz davor -, ist niemandem gedient und schon gar nicht deinen Kindern. Die brauchen dich und eine erholte Mutter ist die halbe Miete!"

„Wie nett ausgedrückt, liebe Mitbewohnerin, aber Du hast wie immer Recht!" antwortete ich schnippisch mit verdrehten Augen.

Die letzten Tage vergingen wie im Fluge. Vieles musste organisiert, geplant und besprochen werden.

79

In der Woche vor meiner Abreise stand Madame Schwarz zur zweiten Lektion erneut im Badezimmer vor mir. Anscheinend liebte sie es, mich bei meiner Hausarbeit zu stören. Oder putzte ich ihr nicht sauber genug!? Meine Frage stellte ich nicht, denn meine Mitbewohnerin konnte unmöglich mit ihren langen rot lackierten Fingernägeln putzen.

Geduldiger als beim ersten Mal setze ich mich mit ihr an den Tisch, nicht ohne vorher einen Espresso zu kochen.

„Heute erzähle ich dir etwas über das Thema „Unruhe" und über deine eigene Unruhe kannst du ja mal in der Reha nachdenken. Denn du bist ein umtriebiger Mensch! Wie ein gehetztes Tier, immer auf der Suche nach neuen Aufgaben."

Aus dem Buch „Die Lebenskunst" von Anselm Grün fasst sie mit eigenen Worte zusammen: „Die Unruhe der Menschen entsteht nicht allein durch äußere Veränderungen. Man muss sich in aller Ruhe seiner Unruhe stellen, die Ursachen anschauen und nach Wegen suchen, um mit sich selbst in Einklang zu gelangen und dadurch Ruhe und Frieden zu finden.

Enttäuschungen gehören zum Leben und wir sind oft von uns enttäuscht, weil wir nicht das erreichen, was wir uns als Ziel gesetzt haben. Wir haben uns Illusionen über uns und die anderen gemacht. Wir haben uns getäuscht. Diese Erkenntnis ist schmerzlich. Deswegen weichen viele ihr aus. Aber die Menschen flüchten vor sich selbst und kommen nie zur Ruhe. Wenn wir uns aber unserer Sehnsucht stellen, söhnen wir uns mit uns und unseren Fehlern aus, wir akzeptieren unsere Fehler und Schwächen."

„Liebes Tantchen, so langsam wird mir klar, was du mir sagen willst."

Etwas zu überheblich lehnt sich meine Mitbewohnerin zurück und bittet um einen zweiten Espresso. Nun gut. Ich resümierte:

„Ich habe mich getäuscht in diesem Mann, aber auch in mir. Ich lief einer Illusion nach, die von Anfang an illusorisch war. Es stimmt, ich bin von mir enttäuscht, nicht das Ziel einer harmonischen und immer währenden Partnerschaft erreicht zu haben. Das Schlimmste, das schmerzt, ist das Scheitern und der verlorene Kampf vor den anderen. Wieder nicht so gehandelt zu haben, wie mir das Denken anerzogen wurde. Ich war mir aber selbst nicht treu. Die Schadenfreude in ihren Augen zu ertragen, tut verdammt weh und zerreißt mich schier. Ich bin froh, dass ich zur Reha fahren werde, um mich selbst mit mir auszusöhnen und um Kraft zu tanken."

Mein Plädoyer war gesprochen. Da sollte die Meckerziege einmal dagegenhalten. In ihren Augen konnte ich Zufriedenheit und etwas Schalk entdecken. So verkehrt war sie eigentlich doch nicht.

Wir lehnten uns nun gemeinsam zurück und tranken ein Glas Sekt zur Feier des Tages und der zweiten feinen Lehrstunde.

Auf nach Bad Wildbad ...

Das Packen meiner sieben Sachen gestaltete sich als riesiges Problem, wie so oft! Im April können die Temperaturen im Schwarzwald auf 25 °C klettern, um in den nächsten Tagen bis in den Keller zu sinken. Na prima. Ich stopfte meinen größten und den mittleren Koffer voll Klamotten, bereit für einen Auszug aus meinem bisherigen Leben.

81

Die ganz in Grau gekleidete Dame, mein Logiergast, etwas verkatert, aber froh gelaunt, gab mir eine weitere Lektion mit auf den Weg.

„Och Omi, verschone mich mit weiteren Weisheiten! Vor lauter Nachdenken wird mir der Kopf in der Reha platzen und eigentlich will ich dort einmal gar nichts denken!"

„Papperlapapp! Du wirst dich schon erholen, aber das Denken ist ja gerade dein Problem. Ständig überlegst du dies und jenes, denkst über alles nach und das Schlimmste an der Sache ist, du hast zu viele negative oder ängstliche Gedanken und fragst dich ständig, ob du alles richtigmachst. Dein Körper sendet dir doch genügend Signale. Oder!?"

Das saß und war doch der Gipfel, so kurz vor meiner Abreise. Denke ich zu viel nach? Und wenn ja, was ist falsch daran? Kann man denn ständig richtig denken? Diese dumme Ziege meckerte doch ständig an mir herum, anstatt mir eine schöne Erholung zu wünschen.

„Überprüfe doch einmal deine Gedanken! Du hast nicht alles falsch gemacht in deinem Leben! Jeder hat doch seine Schwächen! Konzentriere dich lieber auf deine Stärken. Denkst du negativ und hinterfragst alles auf Richtigkeit, wird dein Körper reagieren und du wirst vielleicht krank. Positive Gedanken geben dir ein gutes Gefühl, du fühlst dich körperlich ausgeglichen, gesund und munter. Ändere deine Gedanken, wenn sie sich nicht gut anfühlen."

Das Ganze war schön und gut, aber in der Praxis nicht so einfach umzusetzen, wobei ich es halbherzig schon seit Monaten versuchte.

Da half der Zettel an der Pinnwand in meiner Küche auch nicht, wenn ich das Lesen vergesse. Anstatt „Ich muss ..." sollte man „Ich werde ..." oder „Ich möchte ..." oder „Ich habe beschlossen ..." sagen. Schnell riss ich heimlich den Zettel ab und stopfte ihn zwischen meine Kleider. Die negative Gefühlsaufwallung verdrängte ich. Denn die soll mich ja angeblich depressiv machen. Meine achtmal kluge Mentorin hatte Recht. Was sie sagte, war die Wahrheit. Ich schluckte den dicken Kloß in meinem Hals hinunter.

Noch schnell eine Umarmung von Mamsell über mich ergehen lassen, denn ihr Mottenkugelduft kostete mich echte Überwindung und mit Schwung ins Auto. Das Abenteuer konnte beginnen und zum ersten Mal seit sehr langer Zeit ohne Mademoiselle! Schuldbewusst winkte ich ihr bis sie am Horizont immer kleiner wurde.

Kurorte, Schwarzwälder Kirschtorte und Einzelzimmer mit „Enz"-Blick

Mulmig war mir zumute, als mein Vater ohne mich und ohne mein Gepäck wieder nach Hause fuhr und ich alleine zurückblieb.

„Stell dich nicht so an, du bist kein kleines Kind mehr. Wo bleiben eigentlich dein Entdeckergeist und deine Selbstständigkeit? Du bist bzw. warst doch immer eine starke Frau!" redete ich mit mir selbst.

Ich führte Selbstgespräche! Na toll! Das fing ja schon gut an. Ich drückte die Brust raus, schmiss die Gedanken an Herrn B. aus dem Fenster und erkundete mit kleinen Schritten die Klinik. Denn bei einer Wegstrecke mit nur noch 300 m musste man schließlich haushalten.

Am ersten Tag kam ich mir wie in einem Hotel vor. Ab und zu begegnete ich „Gästen" auf dem Flur oder im Aufzug und das Abendessen wurde in einem hoheitlichen Speisesaal eingenommen. Es fehlten nur noch die Kristalllüster an den Wänden und edles Porzellangeschirr.

Der nächste Tag war knallharter Klinikalltag, denn bei drei Wochen Aufenthalt, in die die Ostertage und mein Infusionstag fielen, war mein Therapieplan knackig voll. Aber es erwarteten mich super Therapeuten mit einem auf mich bestmöglich abgestimmten Programm, das die Tage nur so ausfüllte. Die Psychotherapie hatte ich beim Arztaufnahmegespräch abgelehnt, denn eine Psychologin und mein nerviges, an mir klebendes Fräulein zu Hause reichten mir voll und ganz.

Doch ganz konnte ich meinen Kopf nicht aus der Schlinge ziehen. Denn leider erkannten alle Personen, die in der Klinik fachlich mit mir zu tun hatten, dass ich meistens zu viel von mir verlangte und eine kleine Perfektionistin bin. Beglaubigt und urkundlich festgeschrieben in meinem Entlassungsbericht.

Auch hier warfen sie mir die Lektionen des Lebens nur so um die Ohren. Diese Fachleute hatten genauso Recht, wie die daheimgebliebene Mamsell.

„Wir Menschen müssen ab und zu unseren Weg verlassen, um festzustellen, dass es woanders auch schön sein kann. Nicht immer finden wir das vor, was wir uns ersehnen und wünschen, aber den Mut aufzubringen, neue Wege einzuschlagen, dürfen wir nicht aus den Augen verlieren. Ob der Weg holprig oder geradlinig ist, weiß man vor seinem Aufbruch nicht."

Da hatten sie mich drangekriegt und mich voll erwischt. Konnte ich sie doch durch meine heitere, gespielte Fassade nicht täuschen!

Als Kind suchte ich immer den geradlinigen Weg ohne Abenteuer, eher ängstlich und angepasst schritt ich des Weges. Die Jugend und frühen Berufsjahre ähnelten sich und den Mut, damals beim Stellenangebot nach Zürich „auszuwandern", bereue ich heute noch. Doch an Mutters Rockzipfel hing ich allzu lange. Die ersten Schattenanzeichen von Mademoiselle sah ich nicht, denn das Funktionieren in allen Lebenslagen und die Anpassung, so zu leben, wie es mir andere diktierten, machten das Leben angenehmer und bequemer als selbst zu denken. Der holprige Weg hätte auch schöne Ziele gehabt, aber die verpasste ich. Dann wendete sich das Blatt und ich wurde renitent und suhlte mich in der Helferposition. Päckchen für Päckchen wurde mir auf die Schultern geladen und war es nicht genug, schrie ich nach mehr Last. Unaufgefordert und freiwillig! Mit Abweisung konnte ich nicht umgehen, Anerkennung war das höchste Gut. Die Pakete drückten mich zu Boden und ich wurde krank. Über die nächsten großen Pakete stolperte ich und stürzte zu Boden, unsanft, aber vorhersehbar, eben uneinsichtig. Mademoiselle klopfte an die Tür und jetzt hatte ich sie an der Backe.

Hier hatte ich Ruhe vor ihr und vor allen Verpflichtungen und Wunschvorstellungen meiner Mitmenschen. Ich genoss die drei Wochen in vollen Zügen, verbesserte meine Gehstrecke und nette Freundschaften entwickelten sich. Nur mit einer Mitpatientin habe ich heute noch Kontakt, denn ich wollte raus aus den Verpflichtungen. Ich schnupperte die Freiheit und die Leichtigkeit, um Ballast abzuwerfen.

Der Abschied nahte und doch wusste ich, dass ich bald wieder zu einer Lesung zurückkommen durfte. Außerdem meint man, dass schöne Dinge im Leben immer schneller zu Ende gehen als weniger schöne. Was unlogisch ist, wenn man der Relativitätstheorie von Albert Einstein Glauben schenkt. Wir empfinden dies nur auf der emotionalen Ebene. Ich zumindest fuhr seelisch gestärkt nach Hause und meine Gehstrecke hatte ich nochmals steigern können.

Oh geliebte Pfalz, ich komme ...

Kaum zu Hause, die Kinder waren sichtlich erleichtert, die drei Wochen hinter sich gebracht zu haben, bekam mein Sohn 40 °C Fieber. War es der Schreck, dass ich wieder daheim war? Nein, Joel streifte seine ganze Anspannung der Wochen ab und wurde mit Globuli, Wadenwickel und meiner mütterlichen Liebe schnell aufgepäppelt. Wir hatten unser gemeinsames Leben zurück, auch meine Tochter war sichtlich erleichtert und froh gelaunt.

Mademoiselle, hellgrau gekleidet mit buntem Hut stand zwar an der Tür zur Begrüßung, aber weicher in ihrem Umgang mit mir. Sie spürte meine seelische Erholung und freute sich für mich. Dieser Punkt ging an mich!

„So Kindchen, nun beginnen unsere letzten gemeinsamen Wochen und ich werde dich nicht mehr belehren, aber jede deiner Handlungen und Gedanken werde ich unter die Lupe nehmen!"

Na prima, du alte Schachtel, deine Prüfungen gehen mir so langsam auf die Nerven! Aber überlisten konnte ich sie nicht, also spielte ich auch dieses Spiel mit. Übrigens trug sie die Haare offen und spielte die Monroe, nur um Jahre gealtert.

Nach der Rehabilitation trat ich einen kleinen Job bei der Kreisverwaltung an, Volkszählung war im schönen Deutschland angesagt. Pech hatte ich mit meinen zugewiesenen Bezirken, denn erstens waren in dem einen alle ausländischen Saisonarbeiter ausgeflogen, der andere geschrumpft wegen Fahnenflucht und im letzten waren viele verstorben. Nun, es brachte mich nicht aus der Ruhe, aber es bedeutete für mich ganze Stange Geld. Mademoiselle lachte sich einen Ast, doch ich sah es gelassen, zum einen konnte ich es nicht ändern und zum anderen wollte ich meine mündliche Prüfung bei ihr bestehen.

Ach ja, und Herrn B. ging ich nun bewusst aus dem Weg, kaufte nur noch im Bio-Supermarkt ein, wenn er arbeitete, denn ich kannte ja seine Arbeitszeiten und sämtliche Kneipen, die ich vorher besucht hatte, um einen kurzen Blick auf ihn zu erhaschen, mied ich.

„Ich bin stolz auf dich! Die Erholung und der Abstand von zu Hause haben dich enorm nach vorne katapultiert!" Mamsell lag im Liegestuhl auf meinem Balkon.

87

Heimlich streckte ich der schwarzen Tusnelda die Zunge raus. Ich wollte sie nur noch loswerden, aber insgeheim hatte ich sie doch auch liebgewonnen. Mein Verstand hatte sich schon von ihr verabschiedet, aber mein Herz ließ auch sie nicht so schnell los.

Mein Geburtstag an diesem Maimorgen begann eigentlich recht nett, bis die Karte von Herrn B. im Briefkasten lag. Wenige Worte und ein Gutschein, der Tag verdunkelte sich und Gewitterwolken zogen auf.

Mademoiselle zeigte mir die rote Karte. „Du dumme Gans, du wirst dich doch nicht bedanken, da wartet der doch nur darauf!? Komm, wir gehen in die Kneipe einen trinken, das brauche ich auf den Schock jetzt!"

„Also Tantchen, um diese Uhrzeit gehe ich doch keinen trinken! Mir wurde der Tag doch versaut und nicht dir! Wir gehen ins Café und überlegen uns einen Plan bzw. was ich tun soll!"

Wir fuhren mit dem Fahrrad in die Stadt und nun erhielt die Grande Dame von mir Unterricht, denn sie fuhr Schlangenlinien. Im Geheimen grinste ich vor mich hin.

Nach der ganzen Diskussion und zwei Tagen Bedenkzeit schrieb ich doch eine Dankes-Mail. Kurz und bündig, hatte ja eine gute Kinderstube und Anstand gelernt!

Hier sei aber eingeworfen, dass man ab und zu seine feine Erziehung über Bord werfen sollte, denn durch die Mail brachte ich den Stein ins Rollen und löste eine Lawine aus.

Herr B. antwortete und ich schrieb wie hypnotisiert zurück.

Liebe Leser, kein Rückfall, nur eine kurze Umleitung auf meinem Weg!

Herr B. hatte eine Neue, eine Akademikerin für faule Zähne, und traf sich mit mir!!

Er hatte sich nicht geändert und ich nichts dazu gelernt.

Nach unzähligen gegenseitigen Fragen, denn seit unserem letzten Gespräch waren Monate vergangen, wurde es nett. Die Dame hatte nur negative Eigenschaften, laut seiner Aussage, und ich freute mich. Hoffnung keimte auf und Mademoiselle verkrümelte sich in unser nicht vorhandenes Gästezimmer. Stinksauer!

Das ganze Hin und Her dauerte nur zwei Wochen und nach einem unmoralischen Angebot - die Zahntussi fürs Wochenende und mich für Gespräche unter der Woche als Seelenklempnerin - verblasste das Ansehen meines Prinzen. Nun waren auch meine bipolaren „Wechselbäder" geheilt.

Das Wochenende litt ich noch, Mademoiselle kochte Kamillentee und brachte mich Montagabend zu einem Vortrag zu Pater Anselm Grün, der zu meinem Glück - oder war es Schicksal gerade in der Stadt weilte. Bei jedem wichtigen Satz kniff mich die Nervensäge in den Arm, bis ich ihr einen Tritt gegen ihr Schienbein versetzte. Ich hatte es gerafft.

Der Pater nahm mir meine letzten Zweifel an diesem Abend und seine Worte bestätigten meine Stärke in der Schwäche der letzten Tage.

„Komm, wir haben uns nun ein Glas Wein verdient und stoßen auf bessere und B-freie Jahre an!"

Da konnte ich nicht Nein sagen und ausgelassen feierten wir meinen und ihren Erfolg! Innerlich trauerte ich nun um mein schwarzes Mamsellchen, denn lange konnte und wollte ich sie nicht mehr bei mir wohnen lassen. Der Abschied nahte. Sie würde nun bald zu anderen verwirrten armen Seelen ziehen, die ihre Hilfe dringend benötigten. Wo das sein sollte, verriet sie mir nicht. Auch wo sie ihre Aufträge herbekam, blieb ein Rätsel.

Mittwochnachmittag fuhr ich fröhlich ohne mein grau gekleidetes Fräulein zur Lesung nach Bad Wildbad. Denn auch dieses Mal hatte sie dort Einreiseverbot. Mit einer Sonnenblume in der Hand winkte sie mir nach, nicht traurig, denn nun konnte sie endlich in aller Ruhe Kofferpacken und meinen letzten guten Espresso alleine trinken.

Bad Wildbad ich komme zum zweiten Mal ...

... zwei Tage Ruhe und Freiheit lagen vor mir. Ich hatte mit Hilfe einer Freundin, die zufälligerweise zum gleichen Zeitpunkt eine Reha in der mir bekannten Klinik machte, eine Lesung meiner beiden Bücher organisiert. Denn wenn ich etwas verspreche, dann fackle ich nicht lange und für Donnerstagabend war die Lesung angesetzt.

Im Gepäck hatte ich ein selbstgemaltes Ölgemälde von meiner schwarz gekleideten Mademoiselle. Nun, hier seien ein paar Worte zur Erklärung gesagt:

90

Als ich im April in der hiesigen Rehaklinik war, malte ich meine Dame in Schwarz und zwei Tage später auf Wunsch des Kunsttherapeuten ihre Schwester. Heraus kam eine Dame in Bunt, fröhlich und lebensbejahend.

Die feine Dame sah im Vergleich zu ihrer Schwester mit ihren roten Lippen und dem ernsten Gesicht recht düster und lebensverneinend aus. Ich entschied mich damals für die Dame in Schwarz und überließ die bunte Dame dem Therapeuten zum Vernichten oder sonst irgendetwas.

„Passen Sie gut auf sich auf! Sie mögen ihre schwarze Dame zu sehr und darin besteht die Gefahr!" Diese Worte gab er mir damals auf den Weg mit nach Hause.

Voller Stolz hatte ich nun meine schwarze Dame im Gepäck und hängte sie mit „Vielen Grüßen, Caroline Régnard-Mayer" an die Pinnwand des Kunstraums. Ich konnte sie zurückbringen und loslassen. Sie war dort gut aufgehoben und konnte mit ihrer bunten Schwester bis an den Rest ihrer Tage leben, ob lebensbejahend oder nicht war mir schnurzpiepegal, Hauptsache ich hatte sie los und das war ein wahnsinnig irres Gefühl! Nur noch in der Praxis musste dieser Schritt umgesetzt werden. Zu Hause.

Tolle Leute lernte ich am ersten Abend kennen und nach dem faden Abendessen, das ich nicht vermisst hatte, lachten und diskutierten wir in fröhlicher großer Runde.

Am nächsten Morgen strotze ich nur so vor Kraft und mit Elan erkundete ich ohne Frau Aufpasser den Kurpark. Beim letzten Mal kam ich nur mit Mühe bis zum Ententeich und das war knapp ein

Kilometer. Ich wählte als Perfektionist und Übertreiber in eigener Sache den großen Rundweg von drei Kilometern, wobei ich später erfuhr, dass es fünf Kilometer waren. Man sollte eben Wanderkarten lesen können!!

Mit dem Gefühl wie nach einem Marathonlauf und mit matschigen Beinen gelangte ich mühsam in die Klinik zurück. Beschämt kroch ich auf allen Vieren aufs Zimmer und ratzte über zwei Stunden den Schlaf der Gerechten. Leider hatte ich dadurch das Kurkonzert verpasst und zum Zeichen meines Übermuts und meiner Blödheit holte ich kleinlaut den Gehstock aus der Tasche.

Ich hatte mich körperlich zwar total übernommen und brauchte daheim noch fast eine Woche zur Erholung, aber ich fühlte mich emotional so frei und beschwingt. Einen Tod muss man eben sterben, das würde auch Mademoiselle so sehen.

Die Lesung am Donnerstagabend war ein schöner Erfolg, sehr gut besucht und das Lob und die vielen netten Worte waren Balsam für meine Seele. Das Beste war dann das Feiern im Klinikcafé. Es waren noch Freunde aus Pforzheim gekommen und Andreas drehte ein kleines Video, das er bei YouTube als Überraschung für mich später einstellte.

Am Freitag fuhr ich ohne das Ölbild der schwarzen Dame, aber mit meiner Freundin im Auto nach Hause. Sie besuchte ihre Lieben über das Wochenende zu Hause.

Glücklich begrüßte ich Mademoiselle, denn ich sah ihre gepackten Koffer und ihre bunten Kleider, die sie extra für meinen Empfang und ihren Abschied angezogen hatte.

„Du musst unbedingt übers Wochenende dableiben! Das schaffe ich jetzt doch nicht so schnell ohne dich, so hoppladihopp!"

Panik ergriff mich! Mit wem sollte ich so offen und ehrlich in Zukunft über mich und meine Sorgen und Nöte sprechen?

„Das dachte ich mir schon, dass du jetzt in „Mach mir in die Hose"- Stimmung verfällst. Deswegen habe ich den letzten Koffer noch nicht geschlossen", grinste das alte bunte Tantchen.

Ach war ich so froh, aber etwas netter hätte sie es doch ausdrücken können. Aber so kannte ich sie ja, immer mit einem treffenden Spruch auf den Lippen und ihren schwarzen Humor hatte ich zur Genüge kennengelernt.

Wenn wir schon von Herrn B. sprechen: Ich hatte ihn nicht vermisst, ich fühlte mich befreit und bedauerte die Frau für faule Zähne an seiner Seite. Ich wünschte ihr in Gedanken Glück, Durchhaltevermögen und Gelassenheit, eben Hals- und Beinbruch! Sollten nun andere Therapeutin, Geliebte, Seelentrösterin, Urlaubs- und Wegbegleiterin und vieles mehr oder auch nicht für ihn sein. **Fünf Jahre waren genug für eine Illusion!**

Ich hatte mich in all den Monaten des Schreibens meiner Depression gestellt und sie be-/verarbeitet. Volker, ein Bekannter sagte mir, dass man dies „aktive Imagination" nennt: sich selbst die notwendigen Fragen stellen und nach den entsprechenden Antworten suchen. So versuchte ich wieder auf „meinen" richtigen Weg zu kommen und „zu mir selbst". Ich bin sehr stolz, dass ich alleine das richtige Gespür für meine Selbstheilung gefunden hatte. Aber auch meine Psychologin war mir eine wirklich große Hilfe und ihre Taschentücher, von denen ich reichlich Gebrauch machte.

Nun war Leben angesagt, nicht exzessiv, sondern mit Freude, neuen Zielen und Hoffnungen. Auch wenn meine Mademoiselle mich ab und zu besuchen wird, ich hoffe, es bleibt bei Kurzbesuchen. Einen Espresso werde ich ihr allemal kochen. Eine Bedingung stellte ich ihr allerdings: „Liebes Mamsellchen, wenn du mich schon ab und zu noch besuchen kommst, dann lass deine schwarzen Klamotten im Schrank und tanze mit mir von Zeit zu Zeit einen Walzer in meinem Wohnzimmer. Der liegt mir doch mehr als Rock´n Roll. Ein Notbett werde ich auch für dich bereitstellen, aber nur für wenige Tage. Die Zeit mit dir war lehrreich und ich möchte sie nicht mehr missen. **Aber ich wünsche mir ein Leben ohne dich! Basta!"**

Zum Abschied umarmten wir uns und was musste ich da riechen!? Hatte sie doch tatsächlich mein Parfum benutzt! Nun gut, ich wollte gnädig sein, denn ohne sie hätte ich es nicht geschafft. Auch wenn sie immer das letzte Worte hatte und ganz schön gemein zu Beginn unser Zweckgemeinschaft war, sie stand mir bedingungslos zur Seite und akzeptierte auch mich mit meinen Ecken und Kanten. Die Geschichte mit Herrn B. musste dem Fräulein ja auch irgendwann aus dem Hals herausgehängt haben. Trotzdem blieb sie und erledigte ihren Auftrag. Meine mündliche Prüfung am Abend zuvor, hatte ich mit „gut" bestanden. Ein ärztliches Attest war nicht notwendig. Stolz hängte ich die Urkunde über meinen Schreibtisch.

Ein Taxi stand bereit und der Fahrer lud all ihre Koffer und Hutschachteln ein. Noch lange sah ich ihr wehmütig nach. Sie winkte mit einem bunten Tüchlein. Bis sie im Grün des Waldes verschwand.

Und sie werden es nicht glauben! Fünf Jahre später zog sie über uns ein…

Aber das ist eine andere Geschichte.

In diesem Sinne ...

Und so appelliere ich an Sie, liebe Leser und Leserinnen, Gleichgesinnte und Mitmenschen, Betroffene und Getroffene, verlieren Sie trotz Leid, Angst und Unsicherheit nicht Ihren ursprünglichen individuellen Weg, Ihren Weg aus dem Tief und ein Leben ohne Krankheit! Den ersten Schritt haben Sie schon mit dem Kauf dieses Buches und vielleicht etlichen anderen getan. Ihre Mademoiselle wird Sie auch irgendwann wieder verlassen, aber seien Sie geduldig und nützen Sie diese Krisenzeit.

Ein alter Mann sagte mir vor Jahren, als ich die Diagnose Multiple Sklerose erhielt: „In jedem negativen Erlebnis oder einer negativen Lebenserfahrung findet man noch etwas Positives!" Damals verstand ich ihn nicht und erklärte ihn als verrückt.

Heute, sieben Jahre später, kann ich seine Aussage bestätigen, auch wenn es manchmal schmerzt und die Suche nach dem Positiven schier unmöglich erscheint.

Das, was ich Positives aus meiner langen Zeit der Depression resümiere, haben Sie gelesen. Einen kleinen Teil der Gedanken behalte ich für mich. Sie verstehen! Mademoiselle könnte es zu Ohren kommen und ruck zuck klopft die Meckerziege wieder an meiner Tür!!

Ich wünsche Ihnen gutes Gelingen, eine dicke Haut und viele positive Gedanken! Denken Sie an „meinen" alten Mann!

Ihre

Caroline Régnard-Mayer

August 2011

Diejenigen Berge, über die man im Leben
am schwersten hinwegkommt,
häufen sich immer aus Sandkörnchen auf.

Christian Friedrich Hebbel

Sie glauben liebe Leser und Leserinnen, Sie werden jetzt ohne die Neuigkeiten bei einer weiteren Auflage (2014) meines Buchs davonkommen?

Nein! … und sie sollten sich die letzten Worte auf der Zunge zergehen lassen, denn Mademoiselle kommt immer noch ab und zu vorbei. Selten bitte ich sie herein, denn heute schaue ich durch den Türspion. Aber zahlreiche depressive Episoden habe ich heute noch, ausgelöst durch Situationen im Leben, die auch weiterhin nicht spurlos an mir vorbeigehen.

Mein geschiedener Mann verstarb vor über zwei Jahren (2011) an seiner unheilbaren Erkrankung und noch mehr muss ich seit damals für die Kinder Vater und Mutter gleichzeitig sein. Auch der fast einjährige Auslandsaufenthalt meiner Tochter in den USA brachte Mademoiselle dazu, einen kleinen Koffer zu packen, mit dem sie wochenlang vor meiner Tür schlief. Die Arme holte sich eine schwere Erkältung, denn die Temperaturen fielen in mancher Nacht ihres Ausharrens in den Keller. Eines Tages öffnete ich ihr doch, bat sie freundlich herein, kochte uns einen doppelten Espresso und nach Stunden konnte die Grande Dame gehüllt in grauem Pelz und Pelzmütze mich wieder verlassen.

Über die Tatsachen, dass ich in meiner Schulzeit keine Jugendsünden nachzuweisen habe, sehe ich heute gelassener hinweg. Man kann die Zeit nicht zurückdrehen und was interessiert mich mein Gerede von gestern. Der Sachverhalt, dass ich bald fünfzig Jahre alt werde, hat auch mich reifen lassen. Eine gewisse Gelassenheit legte ich mir zu und manch schweres Päckchen trage ich nicht mehr. Mademoiselle ist stolz auf mich. Sie hatte ihre Zeit bei mir doch nicht vergeudet und manch sturer Esel wird bekanntlich auch einmal zahm. Ihre Lektionen und Strategien verfolgten mich noch lange. Sie brachten mich zum Grübeln und zum Handeln. Auch heute noch blicke ich auf die gemeinsamen Lehrstunden mit ihr zurück. Es ist einfach für mich, denn ich schrieb damals alles schwarz auf weiß auf und hole in den wenigen schwarzen Stunden mein Buch hervor.

Übrigens die Urkunde hängt immer noch über meinem Schreibtisch.

Im Herbst letzten Jahres klopfte Mamsell übermütig an meiner Tür. Erst wollte ich ihr gar nicht öffnen, denn ich sprühte nur so vor Lebenslust, aber was sie mir zu sagen hatte, beruhigte mich. Sie zog in die Wohnung über mir ein samt ihren vielen Koffern und Hutschachteln. Ganz in Schwarz gekleidet, aber mit neuem Hut und silbernen Feder stand sie vor mir. Aus eigener Erfahrung wusste ich, dass dies kein gutes Zeichen war. Aber heute leide ich nicht mehr am Helfer-Syndrom und somit wünschte ihr einen guten Aufenthalt, denn sie hatte gleich zwei Schülerinnen zu betreuen – Mutter und Tochter. Ich schloss zufrieden meine Wohnungstür.

Abnabeln von meinen Eltern ist mir auch noch gelungen. Es ist meine Zeit, die ich vergeude, wenn ich das mache, was andere von mir verlangen oder wenn sie meinen, sie müssten mich belehren. Diktieren lasse ich mir von sehr wenigen Personen etwas, der Ruf heute renitent zu sein, eilt mir voraus. In Wirklichkeit sage ich nur was ich denke, dass ich früher regelrecht in mich rein fraß und große Pakete lasse ich mir auch nicht mehr auf meine Schultern binden. Sie würden mich wieder krankmachen. Kleinere Pakete, die das Leben vorgibt, sind oft schwer genug zu tragen.

Durch meine geistige Veränderung und verlassen von Gewohntem sind auch Köpfe im Freundeskreis gerollt. Mit etlichen Menschen geht man eh nur ein kleines Wegstück zusammen. Die Welt dreht sich immer noch und neue sehr wertvolle Freundschaften entwickelten sich.

Wenn ich ins alte Muster „Tochter" bei meinen Eltern verfalle, bringt mich meine Tochter auf die Tatsachen des Bodens zurück. „Wie alt bist du denn, Mama!?" Und schon besinne ich mich und handle entsprechend.

Meine Bücher schreibe ich auch am Tage, aber die nächtlichen Stunden des Schreibens gönne ich mir immer noch. Das Friedliche der Nächte beruhigt mich und regt meine Fantasie an. Ausruhen tue ich mich am Tage, was ich früher nie tat. Man wird eben doch reifer und klüger.

Sicher interessiert Sie liebe Leser auch, was aus Herrn B. und seine Freundin für faule Zähne geworden ist!?

Keine neun Monate hat diese Beziehung gehalten. Er erzählte mir es ausführlich bei einem Kaffee in der Stadt und ich zog jedes Wort schadenfroh ein. Er verglich mich mit ihr und bekundete dies bei jedem Kochen und Ausflüge seiner Herzdame. Weihnachten feierten sie auch nicht zusammen, es war die gleiche Entwicklung wie in unserer Beziehung, seine depressive Phase verhinderte dies auch bei ihr. In der Manie danach gab es keine Versöhnung.

Ob er die Trennung von mir bereut hatte, war mir gleichgültig. Zu spät bei diesem Treffen merkte ich, dass ich wieder als Seeelentrösterin fungierte. Aber das passierte mir seit damals nicht mehr. Es war unsere letzte persönliche Verabredung.

Bis heute kann ich Herrn B. nicht ganz aus meinen Gedanken streichen. Aber ich denke jetzt mit einer gewissen Distanz an ihn. Und das ist gut so wie es ist. Begegnungen durch gemeinsame Aktivitäten unserer Selbsthilfegruppen sind höchstens zweimal im Jahr und die überstehe ich mittlerweile mit Bravour.

Eine Sache musste ich doch noch ertragen bzw. durchstehen und ich kann ihnen sagen, heute lache ich über die Ironie des Schicksals, aber damals gefror mein Lächeln. Das Schicksal spielte mir den Ball zu und ich musste annehmen, ob ich wollte oder nicht.

Ich habe ein Abonnement für klassische Konzerte. Nach der Sommerpause sollten neue Zuhörer neben mir sitzen. Mein Gesicht hätten Sie sehen sollen, denn wer setze sich ganz unbedacht neben mich?

Die Frau für faule Zähne!

Ein Wink des Schicksals oder die Quittung, dass ich mich freute, dass Herr B. sich von der Tusnelda getrennt hatte!? Keine Ahnung. Ich hielt die Luft an, verfiel in einen Schockzustand und hörte an diesem Abend nicht was gespielt wurde. Mich kannte sie nicht, aber durch meine abweisende Haltung und bei einem Konzert begleitete mich mein Stock, wusste sie spätestens nach dem vierten Konzertabend, wer ich war. Sie hat ihr Abonnement nicht mehr verlängert.

So, ihr Lieben, ihr könnt euch wieder entspannen und durchatmen. Keine weiteren Hiobsbotschaften haben sich in meinem Leben mit Mademoiselle oder Herrn B. ereignet!

... und in diesem Sinne schließe ich mein Buch.

Herzlichst

Caroline Régnard-Mayer

Juni 2014

Thank You

Was mir wieder am Herzen liegt:

Mein besonderer Dank geht an meine Freundin Margit Bentin, die die Erstkorrektur übernahm. All meine Bücher gingen durch ihre Hände und auf ihre ehrliche Meinung legte ich immer großen Wert, auch wenn es manchmal schmerzte.

Volker Damian (Autor), Heidi Dahlsen (Autorin) und Birgit Heid (Autorin) als freundschaftliche Lektoren, die immer ein offenes Ohr für mich hatten und mir einen Gesamteindruck lieferten. Bei der vorliegenden Neuauflage hatte S. Mayer den letzten Blick.

Meiner Psychologin, die als Erste mein Manuskript fachlich beurteilte. Sie half mir in den schlimmsten Stunden nicht unterzugehen. Ihre Taschentücher nahm ich dankend an.

Autorin Hilfe Möller und Frau Sigrun Borstelmann (Lektorin) danke ich für den letzten Schliff der Originalausgabe.

Meinen Lesern der beiden ersten Bücher und hoffentlich dem dritten!

Hilde Möller, Schriftstellerin und Freundin, die die Zweitauflage lektorierte und mir mit ihren kompetenten Ratschlägen zur Seite stand. Ich achte Sie nicht nur als Mensch, ihre Professionalität und Wissen haben für mich einen unschätzbaren Wert.

»Lieber Leser/-in,
wenn Ihnen mein Buch gefallen hat, würde ich mich sehr über
eine Rezension auf Amazon freuen.
Ich bin dankbar über jede konstruktive Kritik aber auch ein Lob,
denn nur so kann ich daraus lernen und weiter erfolgreich für Sie
schreiben!

Die Autorin

Caroline Régnard-Mayer

Mit viel Humor und einer gelungenen Mischung aus Problematisierung und Relativierung reflektiert sie ihren eigenen Weg, die Herausforderung der Krankheit, der nicht geleugnet werden darf, ihren Optimismus und ihren Humor um ihren Alltag zu meistern. All ihre Bücher machen Mut und wecken Hoffnung, zeigen Einblicke in die emotionale Verfassung eines chronisch erkrankten Menschen, geben Hilfestellung im Umgang miteinander und im Alltag, ohne Selbstmitleid blickt die Autorin in die Zukunft. Authentisch und offen erzählt sie – es sind Bücher für jeden, ob als Betroffener, Familienangehöriger oder interessierten Leser.

Weitere Bücher der Autorin sind erschienen:

Frauenpower trotz MS

...aus dem Leben gegriffen!!

Band 1 ISBN: 978-1523920709

Verlag CreateSpace

MS – Mein anderes Leben!

Frauenpower trotz MS - Teil 2

Band 2 ISBN: 978-3-1535002127

Verlag CreateSpace

MS – Meine Sonne

Warum nicht mal positiv denken...

Band 3 ISBN: 978-1519316424

Verlag CreateSpace

Frauenpower trotz MS – Trilogie

Jetzt liegt es an mir!

Sammelband ISBN: 978-3-7357-9260-0

Verlag Books on Demand

Alle Bücher als Print und E-Book erhältlich.

107

Guten Appetit MS

Ein alltagstaugliches Kochbuch für ernährungsbewusste Feinschmecker <u>mit und ohne</u> Multiple Sklerose.

ISBN: 978-3-7357-2318-5

Verlag Books on Demand

Guten Appetit MS 2

Das alltagstaugliche Kochbuch mit hilfreichen Tabellen, Tipps und leckeren Rezepten <u>mit und ohne</u> Multiple Sklerose (Band 2)

ISBN: 978-3-7386-1164-9

Verlag Books on Demand

Seit September 2016 als Sammelband bei CreateSpace erhältlich!

108

Zwei Ratgeber:

Wir haben MS und keiner sieht es!

Multiple Sklerose - unsichtbare Symptome

ISBN: 978-1508418603

Verlag CreateSpace

Keine Angst vor der Blase

Ein freundlicher Ratgeber über die Allüren der Blase bei MS-Patienten

ISBN: 978-1533094797

Verlag CreateSpace

Alle Bücher als Print und E-Book erhältlich.

Roman

Ein Jahr ohne dich

(unter Pseudonym Rachel Parker)

ISBN: 978-1533390554

Verlag CreateSpace

Weitere Bücher auf Ihrer **Autorenhomepage www.frauenpower-ms.jimdo.com**

Dort finden Sie detaillierte Informationen über Ihre Bücher, Aktuelles, Neuigkeiten aus der Landauer Selbsthilfegruppe für MS, die sie leitet, aber auch Termine von Lesungen.

Auf ihrem **Blog www.caroregm.blogspot.de** bloggt sie nicht nur Informatives rund um die Krankheit MS- mal schmunzelnd, mal ernst- sie erhalten auch Informatives über Bücher, die sie liest und vorstellt und vieles mehr. Schauen Sie gerne vorbei.

Durch Umgang mit Kindern gesundet die Seele.

Fjodor Michailowitsch Dostojewski

Kinder sind Hoffnungen.

Novalis

Die Kinder kennen weder Vergangenheit, noch Zukunft, und – was uns Erwachsenen kaum passieren kann – sie genießen die Gegenwart.

Jean de la Bruyère

Hören Sie wieder das Lachen der Kinder?

112